大赏云南！ 好玩云南

YUNNAN HOW
速度游

云南攻略

《全球攻略》编写组 编著

中国旅游出版社

CONTENTS 目录

P232 怒江傈僳族自治州

迪庆藏族自治州 P244

云南推荐

速度看云南！

YUNNAN HOW

1 云南印象

♥ 概况

云南地处我国西南边陲，独特的地理环境和气候，形成了丰富的动物、植物、矿产等资源，常被人们冠以"动物王国"、"植物王国"、"香料王国"、"药材之乡"、"花木之乡"、"有色金属王国"的美称。

云南风光秀丽，旅游资源极其丰富，例如气势磅礴的虎跳峡、突兀壮观的玉龙雪山、平和闲适的丽江古城、美丽富饶的西双版纳等，都是我国旅游的黄金之地。

云南也是我国少数民族聚居的省份之一，在云南这块富饶的土地上，生活着彝、白、哈尼、傣、傈僳、拉祜、佤、纳西、景颇等少数民族，勤劳智慧的各族人民，在云南大地上创造了灿烂绚丽的文化，像纳西族的东巴文化、大理白族文化、彝族的贝玛（毕摩）文化、傣族的贝叶文化等，这些文化成了云南，乃至我国文化中的瑰宝。

近年，云南凭借其优美的自然风景、丰富的人文景观和淳朴的民俗风情，每年吸引无数的游客亲身到云南，感受它独特的魅力。

♥ 地理

云南省地处我国西南边陲，东部与贵州省、广西壮族自治区为邻，北部同四川省相连，西北紧依西藏自治区，西部同缅甸接壤，南同老挝、越南毗连。

云南地形、地势极为复杂，大体上，西北部是高山深谷的横断山区，东部和南部是云贵高原，在起伏纵横的高原之上，断陷盆地星罗棋布，从总体上看，整个云南西北高、东南低。

正是云南这独特的地理环境，成就了云南遍地是宝藏、处处是风景的奇观，云南不愧被誉为我国西南的一颗明珠。

♥ 气候

云南受南孟加拉高压气流影响而形成高原季风气候，全省大部分地区呈现冬暖夏凉、四季如春的特征，其中云南省会昆明更是被誉为"春城"，一年四季如春，正是云南气候特征的写照。

但是云南地处低纬度高原，加之地理位置特殊，地形地貌复杂，致使云南气候类型丰富多样，有北热带、南亚热带、中亚热带、北亚热带、南温带、中温带和高原气候共7个气候类型。

大体上看，云南的气候有三大特点，其一，气候的区域差异和垂直变化十分明显；其二，年温差小，日温差大；其三，降水充沛，干湿分明，但分布不均。

♥ 区划

截至2012年1月1日，云南省共有16个地级行政区划单位，其中，8个地级市，分别是昆明市、曲靖市、玉溪市、保山市、昭通市、丽江市、普洱市、临沧市，省会是昆明市；8个自治州，分别是楚雄彝族自治州、红河哈尼族彝族自治州、文山壮族苗族自治州、西双版纳傣族自治州、大理白族自治州、德宏傣族景颇族自治州、怒江傈僳族自治州、迪庆藏族自治州；另外，还有129个县级行政区划单位，其中有13个市辖区、11个县级市、76个县、29个自治县。

人口与民族

根据第六次全国人口普查的结果表明，云南总人口为4596.6万，其中汉族人口为3062.9万，占总人口的66.63%；各少数民族人口为1533.7万，占总人口的33.37%；而居住在城镇的人口为1618.0万，占总人口的35.20%；居住在乡村的人口为2978.6万，占总人口的64.80%。

云南是全国少数民族数目最多的省份，全国55个少数民族中，在云南有一定聚居区域的少数民族有25个，而其中白、哈尼、傣、傈僳、佤、拉祜、纳西、景颇、布朗、阿昌、普米、怒、德昂、独龙、基诺15个少数民族为云南所特有，因此云南也是我国特有民族最多的省份。大体上看，云南各少数民族分布呈"大杂居、小聚居"的特点。

2 云南交通

航空

云南省的航空运输业比较发达，目前拥有民用机场12个，在建3个，数量位居全国各省区第一位，尤其是新昆明国际机场（昆明长水国际机场）将成为继北京、广州、上海之后中国第四个国家门户机场，也是我国唯一一座面向东南亚、南亚和联结欧亚的门户枢纽机场。云南开辟了多条国际和国内的航空路线，例如昆明

国际机场，开通曼谷、新加坡、吉隆坡、河内、胡志明市、仰光、清迈、万象、首尔、大阪、迪拜等地的国际航线；同时，云南通往国内各大中城市的航线达100余条；其中丽江机场开通丽江至昆明、西双版纳、北京、上海、广州、成都、深圳、贵阳等国内航线；西双版纳机场开辟了至大理、丽江、上海、天津、成都、重庆等国内航线，都是云南人流量较大、线路繁忙的航线。

铁路

云南铁路历史悠久，100多年前，云南就有了第一条铁路——滇越铁路，这是当时我国第一条国际铁路。云南省也是目前我国唯一一个准轨（准轨指标准的铁路轨道，为1435毫米）和米轨（米轨指铁路宽度为1000毫米的轨道）并存的省份。虽然云南在我国近代史上较早拥有了铁路，但由于云南地形复杂、地质条件恶劣等因素，铁路运输并不十分发达，至2012年，云南境内铁路里程近2300公里，仅占全国铁路运营里程的4%左右。不过随着云南经济的发展，尤其是旅游业的需要，云南铁路建设迎来黄金时期，云南正积极勾画"八入滇四出境"的铁路运输格局，届时云南铁路将四通八达，成为交通运输的中坚力量。

公路

在云南出行的主要方式就是公路交通，云南公路业较为发达，公路总里程达20万公里，居全国前列。云南公路以昆明为中心呈辐射状，通过7条国道、61条省道把省内及国内外各大中城市连接在一起。

经过云南省的国道分别是：

一、108国道：北京-太原-西安-成都-西昌-永仁-元谋-武定-禄劝-富民-昆明

二、213国道：兰州-成都-乐山-绥江-大关-昭通-寻甸-嵩明-昆明-呈贡-晋宁-玉溪-峨

山－元江－墨江－宁洱－普洱－景洪－勐腊－磨憨

三、214国道：西宁－玉树－昌都－德钦－香格里拉－剑川－大理－弥渡－南涧－云县－临沧－双江－澜沧－勐海－景洪

四、320国道：上海－杭州－南昌－长沙－贵阳－富源－沾益－曲靖－马龙－嵩明－昆明－安宁－楚雄－南华－祥云－大理－永平－保山－龙陵－潞西－畹町－瑞丽

五、323国道：瑞金－韶关－贺州－柳州－河池－百色－富宁－砚山－开远－建水－石屏－元江－墨江－宁洱－景谷－临沧

六、324国道：福州－广州－南宁－百色－兴义－罗平－师宗－石林－宜良－昆明

七、326国道：秀山－遵义－毕节－宣威－沾益－曲靖－陆良－石林－弥勒－开远－蒙自－屏边－河口

♥ 昆明公交车

昆明市公共交通十分发达，3000多辆公交车，160多条线路几乎覆盖了昆明市区的所有地方。昆明绝大部分公交车实行无人售票制，前门上车，后门下车，票价1元。一般公交车早班车在6：00-6：30，末班车在22：00-22：30。

♥ 昆明出租车

昆明市内的出租车有两种：一种是桑塔纳、捷达，起步价8元，3公里后每公里1.8元。另一种是夏利车，起步价7元，3公里后每公里1.6元。所有出租车行驶超过10公里要加收50%的费用，晚上10点以后所有出租车起价为9.6元，3公里以后每公里2.4元。

♥ 昆明地铁

昆明2012年6月刚刚开通地铁6号线，始末站分别是东部汽车站、长水机场中心，全长18千米，发车时间为06:30-21:30，实行分段计价。

3 云南名片

过桥米线

"过桥米线"是云南特有美食，已有百余年历史，云南米线汤烫味美，肉片鲜嫩，口味清香，别具风味，深受各族人民群众的喜爱，现在早已风靡全国。关于云南米线还有一段美丽的传说，据说从前有个秀才苦读赶考，其妻每天都要过一座桥为他送饭，为避饭凉，其妻就将汤内倒入热油以保温，丈夫知道后感动不已，一边吃米线，一边称其为过桥米线，并以过桥米线为题吟诗作赋，歌颂两人爱情故事，从此云南过桥米线声名鹊起，流传至今。

丽江古城

丽江古城，又名大研镇，坐落在美丽的云南省丽江市。丽江古城历史悠久，古朴自然，兼有水乡之容、山城之貌，它作为少数民族城市，从城市布局到建筑艺术融汇汉、白、彝、藏各民族精华，是一座具有综合价值的历史文化名城，与四川阆中、山西平遥、安徽歙县并称为"保存最为完好的四大古城"。丽江古城作为珍贵的文化遗产，是我国乃至世界的瑰宝。

香格里拉

香格里拉，位于云南省西北部的滇、川、藏"大三角"区域，是国家"三江并流"风景名胜区的一颗明珠，是一片人间少有的完美保留自然生态和民族传统文化的净土，素有"高山大花园"之美誉。香格里拉是云南自然景观、人文景观的富集区域，也是国家八大黄金旅游热地之一。香格里拉的主要景区有碧塔海、洋塘曲、牦牛船、松赞林寺、白水台、纳帕海、依拉草原、梅里雪山、白茫雪山、小中甸花海、藏民家访、香格里拉大峡谷、萨马阁自然保护区、达摩祖师洞、普达措国家森林公园等，这些风景名胜使香格里拉成为人们心中"伊甸园"、"世外桃源"、"乌托邦"的代名词。

西双版纳

西双版纳，位于云南省西南端，是云南省下辖的一个傣族自治州。西双版纳，古代傣语，意思是"理想而神奇的乐土"，西双版纳以神奇的热带雨林自然景观和少数民族风情而闻名天下，是我国的热点旅游地之一。西双版纳作为我国唯一的热带雨林自然保护区，林木参天蔽日，珍禽异兽比比皆是，奇木异葩随处可见，西双版纳仿佛是人间仙境。

苍山洱海

苍山洱海，山水相依，自古以来就是旅游者所向往的地方，明代著名文人这样描绘苍山洱海："山则苍茏垒翠，海则半月掩蓝"，"一望点苍，不觉神爽飞越"。苍山，又名点苍山，景色向来以雪、云、泉著称，特别是经夏不消的苍山雪，是久负盛名的大理"风花雪月"四景之最；点苍山的云，变幻多姿，时而淡如青烟，时而浓似泼墨，令人遐想；点苍山的泉泻于19峰之间，它不但滋润着山麓的土地，也点缀了苍山的风光。洱海，是一个风光明媚的高原湖泊，呈狭长形，形状酷似人耳，故名洱海，洱海南北长40公里，面积约240平方公里，是仅次于滇池的云南第二大湖；在风平浪静的日子里泛舟洱海，仿佛人在画中游。

普洱茶，因主要产于普洱市，故得名，普洱茶历史悠久，早在3000多年前人们便开始种植，在漫长的岁月里，形成了独特的茶叶加工技艺。普洱茶外形色泽褐红，香气独特陈香，滋味醇厚回甘，尤其是普洱茶"越陈越香"的特点，被公认为是普洱茶区别于其他茶类的最大特点。现在普洱茶已经风靡全国，名扬天下，品普洱茶成了一种时尚，也成了茶艺文化。

建水紫陶是云南省建水县的民间传统工艺品，它是用建水近郊五色陶土制作成型，经过书画、雕刻、填刮、烧炼、磨光等工序，陶器色泽深紫，花纹雪白，叩声如磬，非常珍贵，为我国四大名陶之一，与江苏宜兴陶、广东石湾陶、四川荣昌陶并驾齐名，尤其是在上海世博会上，建水紫陶大放异彩。

元谋土林，是一种土状堆积物塑造的、成群的柱状地形，因远望如林而得名，元谋土林的每根"林柱"均有独特的造型，形成了风姿各异的土林奇观，这些林柱，有的像古城堡，有的像殿宇，有的像宝塔，有的像巨剑冲天，有的像刀脊横地，有的像展翅欲飞的雄鹰，有的像奔驰的骏马，真可谓鬼斧神工，令人叹为观止。

三江并流

滇池

滇池，古代也称为滇南泽，湖体略呈弓形，南北长39公里，东西最宽为13公里，湖面海拔1886米，面积330平方公里，是云南省第一大湖。滇池风光秀美，古往今来，无数文人墨客挥毫吟咏，赞美滇池，素有"高原明珠"之誉，历史上就是人们旅游观光和避暑的胜地，现在更是旅游、娱乐、度假的理想场所。

三江并流是指金沙江、澜沧江和怒江三条发源于青藏高原的大江在云南省内自北向南穿越担当力卡山、高黎贡山、怒山和云岭形成了世界上罕见的"江水并流而不交汇"的奇特景观。三江并流以雄、险、秀、奇、幽、奥、旷等著称，被誉为"世界生物基因库"，一直是科学家、探险家和旅游者的向往之地。

腾冲"大救驾"

腾冲"大救驾"是腾冲的一种风味小吃，也是云南特有的名菜之一，"大救驾"是用饵烹制而成，色泽鲜美，味道清爽，可谓色、香、味俱全。传说南明永历皇帝朱由榔从京城逃到了滇西一带，在饥渴交加的时候，一户农家，做了一大盘炒饵块款待他。永历皇帝在饭饱之余，回味炒饵块的滋味时，不禁感慨道："救了朕的驾。"从此，腾冲炒饵块得了一个"大救驾"的美称，"大救驾"也就不胫而走。

4 云南奇闻异趣

♥云南十八怪

　　云南由于其独特的地理风貌、气候状况及风情民俗，产生了许多不同于其他地方的奇异现象，被称为"云南十八怪"，广泛在民间流传，一听到这些怪事，人们自然而然就想到了云南，这些奇闻怪事似乎成了云南的专有名词。

1 鸡蛋用草串着卖

　　云南老乡们为了便于买主携带所购买的鸡蛋，又不被碰坏，便以竹篾或麦草贴着蛋壳编，每个隔开，十个为一串，然后拿到街上卖。

2 摘下斗笠当锅盖

　　云南竹林较多，许多用具都以竹子为原料，而锅盖就形似于斗笠，只是顶略小一点，便于抓拿，而且用此做锅盖，透气保温，做出来的饭更加清香。

3 三只蚊子一盘菜

　　云南的许多地区，终年蚊蝇不绝，特别是野地与牲畜圈里的蚊子个头都比较大，故夸张地说三只蚊子一盘菜。

4 火筒能当水烟袋

　　云南当地人抽烟所用的烟袋很像吹火筒，只不过吹火筒是往外吹，而它是往里吸，烟气经过水过滤，可以减低焦油的浓度，味道更加清凉香醇。

5 糌粑被叫作饵块

　　云南产大稻米，把大米蒸熟舂打后，揉制成长条形的半成品，可炒吃、煮吃、蒸着吃，颜色白如雪，当地人称饵块。

6 背着娃娃谈恋爱

　　云南少数民族期盼人丁兴旺，结婚数日媳妇便回娘家了，等有了娃娃再回婆家与丈夫相聚，开始谈恋爱。

7 四季服装同穿戴

　　云南地区气候多变，夏天不热，冬天不寒，但白天和晚上的温差较大，可以说是冷热瞬变，在街上四季服饰随处可见，长的、短的、厚的、薄的，颜色艳丽，绚丽多姿。

8 蚂蚱能做下酒菜

　　云南许多地区的人都有吃虫的爱好，变害虫为佳肴，化昆虫为美味，所以蚂蚱、蝗虫等，都因为油煎之后，焦脆鲜香，而成了美味的下酒菜。

9 姑娘被叫作老太

云南有些地区口音娘娘不分，喊姑娘其实就是指姑与娘，而把姑姑与娘娘喊为老太，所以你问姑娘他说老太，喊老太也就是人们所称的小姨。

10 和尚可以谈恋爱

云南与几个信奉佛教的国家接壤，而佛教国家的男子上寺庙当和尚就像内地上学读书或服兵役一样，到时还可以还俗结婚生子，受其影响，云南有些和尚也开始谈恋爱。

11 老太爬山比猴快

云南多高山深谷，当地的妇女们从小到老都勤劳无比，爬山越岭、种地砍柴都习以为常，因此练就了一身矫健的身板与脚劲，七八十岁的老太登山往往如履平地。

12 新鞋后面补一块

云南少数民族妇女在绣花鞋后面，用布巧做鞋曳，上面绣花精心点缀，既美观又有挡灰挡泥的实用价值。

13 火车没有汽车快

云南有许多高山峡谷，所以云南的铁路坡度很大、弯道较多，使得火车的速度特慢，形成了火车没有汽车快的现象。

14 娃娃全由男人带

云南的妇女们历来勤劳，所以很多外面的活都由她们来干，而男子们相对来说却比较清闲，大多都待在家里带孩子。

15 花生蚕豆数着卖

以前云南人，喜欢以物易物，耻言商品交易，故花生、蚕豆等物品都数堆卖，人心就是秤一杆。

16 这边下雨那边晒

云南地理位置特殊，形成了十里不同天的气候，有时同一座山的两面都不同，一面艳阳高照，一面倾盆大雨。

17 四只竹鼠一麻袋

云南竹林很多，有繁茂的竹笋，食竹笋的鼠多肥硕，夸张地说四只竹鼠就能装一麻袋。

18 脚趾常年都在外

云南到处崇山峻岭，行路较不方便，爬山跑路多了会有较多的脚汗，于是就做成浅口浅帮鞋，露出脚趾，能够感到凉爽，不出汗。

B 速度 去 云南！

YUNNAN HOW

云南推荐

1 如何前往云南

❤ 飞机

飞机是来云南最快捷的交通工具，游客前来云南旅游，可先坐飞机到昆明，目前昆明的国际机场开辟国内航线48条，国际航线6条。同时昆明至省内各旅游地区的航线也很多，例如现已开辟通往西双版纳、保山、昭通、大理、芒市、丽江等地的省内航线。

❤ 火车

云南省的铁路以昆明为中心，以东为贵昆铁路，东起贵阳，西至昆明，全长640公里；以北为成昆铁路，北起成都，南至昆明，全长1100公里；以南为南昆铁路，东南起南宁，西北至昆明，全长900公里，云南的火车可以说四通八达，因此选择火车来云南，也是最经济、最方便的方式之一。

❤ 汽车

云南省的公路以昆明为中心，有7条国道，61条省道，辐射至省内、国内各大城市，因此游客可以选择长途汽车到云南，游客到云南一般可以先到昆明，昆明是云南旅游的交通枢纽，客运站较多，例如东菊客运站、南窑客运站、西苑客运站等，游客可以昆明为中转站前往云南其他各地旅游景区。

2 在云南需要注意的旅游生活常识

1.云南每天早晚温差大，游客须注意着装，预防感冒。

2.云南地处云贵高原，室外紫外线照射较强，游客须注意防晒。

3.云南丽江、香格里拉等地海拔较高，注意休息，以防出现高山反应。

4.云南大部分地方，地形复杂，地势险要，游客摄影、拍照时，须小心谨慎。

5.在云南旅游途中，切勿走太快，或者进行剧烈运动，否则会有缺氧的感觉。

📞 常用电话

昆明国际机场电话：0871-7116114
丽江机场电话：0888-5161289
迪庆香格里拉机场电话：0887-8229901
大理机场电话：0872-2315335
临沧机场电话：0883-2683188
昆明火车站问讯处电话：0871-3542321
昆明火车站订票电话：0871-6227779
昆明火车北站电话：0871-5153506
大理火车站：0872-3146002
曲靖火车站：0874-3511547
昆明南窑汽车客运站电话：0871-3544574
昆明东菊汽车客运站电话：0871-3340594
昆明西苑客运站电话：0871-8217331
昆明长途客运南站电话：0871-3510617
云南旅游汽车客运站电话：0871-3549097
丽江客运总站：0888-5121106
大理汽车客运站：0872-2123436
普洱市汽车客运站：0879-2122312
西双版纳景洪汽车客运站：0691-2123570
玉溪客运中心电话：0877-2022807

C 速度 玩 云南！

YUNNAN HOW

① 10大 人气好玩 旅游热地

1 世界园艺博览园

世界园艺博览园，是1999年昆明世界园艺博览会的会址，它规模宏大，是具有中国特色和云南地方特色的世界一流的园林园艺大观园。登上园内的观景塔，整个世界园艺博览园的景观尽收眼底。

2 滇池

滇池，也称为滇南泽，是我国云南省第一大湖，素有"高原明珠"之称，滇池风光秀美，游览内容丰富，是云南最著名的旅游、娱乐、度假风景名胜区。

3 金马碧鸡坊

云南昆明金马碧鸡坊有昆明民俗特色，雕梁画栋，精美绝伦，金马碧鸡坊最引人注目之处，还在于"金碧交辉"的奇景。这种奇观60年才会出现一次。

4 元谋土林

元谋土林，是一种土状堆积物塑造的、成群的柱状地形，因远望如林而得名。元谋土林形态各异，千奇百怪，令人叹为观止。由于土林上分布密集的云母和石英等矿物质，在阳光的照射下反射着灿烂的光芒，更为土林增添了绚丽的色彩。

5 西双版纳原始森林公园

西双版纳原始森林公园，是离城市较近的一座原始森林公园，也是西双版纳最大的综合性生态旅游景点之一。游人在公园里不仅可以饱览原始自然风光，还可以体验西双版纳风俗民情。

6 梅里雪山

梅里雪山，又称雪山太子，以其巍峨壮丽、神秘莫测而闻名于世，尤其是它平均海拔在6000米以上的13座山峰，被称为"太子十三峰"，中外闻名，早在20世纪30年代美国学者就称赞梅里雪山是"世界最美之山"。

7 怒江第一湾

怒江，流经云南贡山县丙中洛乡日丹村附近，由于王箐大悬崖绝壁的阻隔，江水的流向从由北向南改为由东向西，流出300余米后，又被丹拉大山挡住去路，只好再次掉头由西向东急转，在这里形成一个半圆形大湾，为怒江第一湾。怒江第一湾，气势磅礴，极为壮观。

8 苍山洱海

苍山洱海，山海相依，是古今旅游者所向往的旅游胜地之一。苍山，也叫点苍山，其景色向来以雪、云、泉著称。洱海，是一个风光明媚的高原湖泊，海水干净透明，海面宛如碧澄澄的蓝天，给人以宁静而悠远的感受。

9 虎跳峡

金沙江劈开玉龙雪山和哈巴雪山，形成世界最深的大峡谷，这便是虎跳峡，虎跳峡全长17公里，江面落差200米，其势可以用惊、险、奇来形容；在虎跳峡上游的金沙江入口处，有一巨石横卧江心，传说猛虎常靠江心巨石跃上对岸，故名虎跳峡。

10 江城

云南普洱江城县是云南唯一与两个国家接壤的县，素有"一眼望三国"美称，江城十层大山山顶，就是"一脚踏三国"的地方，在山顶上有一国界碑，正好是中国、越南、老挝三国的分界线，站在山顶，三国风光尽收眼底。

C YUNNAN HOW 速度 玩 云南！

② 10大无料主题 迷人之选

1 云南民族村

云南民族村，位于云南省昆明市西南郊滇池之滨，是云南新兴的旅游度假胜地和展示云南25个民族社会、文化、风情的窗口。游客在村寨里，除可了解云南各民族的建筑风格、民族服饰、民族风俗外，还可以观赏激光喷泉、水幕电影、民族歌舞、大象表演；同时，还可品尝民族风味小吃，购买民族工艺品。

2 云南古玩城

云南古玩城，位于昆明市中心的护国桥旁，它是一幢仿古建筑，高四层，青砖黄瓦，飞檐翘角，雕梁画栋，古色古香，具有浓郁的古典文化氛围。古玩城汇集了云南古老的艺术品，特别是来自偏远少数民族的手工艺品，一应俱全，物美价廉。

3 斗南花市

斗南花市，是云南重要的花卉生产基地，2001年被上海大世界吉尼斯之最评为"全国最大鲜花交易市场"。目前斗南花卉达60个大类、300多个品种，有玫瑰、勿忘我、康乃馨、蝴蝶兰、香石兰、非洲菊、满天星等，还有许多闻所未闻的奇花异草，万紫千红，芬芳醉人，斗南花市不愧是名副其实的"花海"。

打洛小镇

打洛，是傣语，意为"多民族混杂聚居的渡口"，这里居住着傣、布朗等少数民族。打洛镇历史悠久，在元代是"倒龙"，明清时期叫"版纳景洛"，自古以来就是对外进行商品贸易的窗口。

怒江溜索 5

在怒江大峡谷，常常可以看到一根根绳索横贯两岸，人们凭借着它，跨过怒江天险，这就是"怒江天桥"——溜索。溜索不仅成了当地人的交通工具，而且成了怒江上的一道风景线，很多游人不畏路途遥远，前来欣赏一番。

6 中缅友谊街

"中缅友谊街"，简称"中缅街"，全长约1公里，在我国境内一段称"中缅友谊街"，在缅甸境内一段，边民们称其为"白象街"；在"中缅街"中间，耸立着一座恢宏壮观、金碧辉煌、颇具民族特色的"国门"。大凡到过中国西南边陲的游人，无不慕名前往"中缅友谊街"参观、购物。

7 大理洋人街

大理洋人街，原名"护国路"，因民国初云南人民反对袁世凯称帝，起兵护国而得名；大理洋人街东西走向，长1000米，宽7米，青石板铺面，显得极为古朴；为了适应开放旅游的需要，洋人街上中西风味店、珠宝店、古董店、扎染店等店铺林立，商品琳琅满目，让人目不暇接，大理洋人街吸引了无数中外游人。

8 元阳梯田

元阳梯田是哈尼族人世世代代留下的杰作。元阳梯田，随山势地形变化，因地制宜，坡缓地大，则开垦大田，坡陡地小，则开垦小田，这样大田、小田螺旋式上升，最高能达几千级，这在中外梯田景观中都很罕见。

普洱民族团结园 9

普洱民族团结园内的建筑精巧华丽、雕梁画栋、飞阁流丹，花木葱郁，环境古朴典雅；园内最大的亮点就是有享誉神州的新中国民族团结第一碑——民族团结誓词碑。它是民族团结、边疆稳定的象征。

腾越文化广场 10

腾越文化广场中间有腾越河缓缓流过，把腾越文化广场分为两部分，由三座造型别致、建筑风格古朴典雅的火山石拱桥连接。河的西面是绿化广场，广场内有"高黎贡山母亲"雕塑和城市森林；河的东面是具有传统风格的博物馆、图书馆、文化馆建筑群。

C 速度玩云南！
YUNNAN HOW

③ 10大民俗文化节日娱乐

1 怒江傈僳族刀杆节

傈僳族刀杆节，是居住在云南省怒江傈僳族自治州泸水县境内的傈僳族和彝族的传统节日，节期是每年正月十五日。每年的这一天，人们都穿上节日的盛装，成群结队地来到"刀杆节"会场，观看"上刀山，下火海"活动。

2 楚雄彝族火把节

彝族火把节，为农历六月廿四日，节期三天，是云南旅游地楚雄彝族自治州最隆重、最盛大、最富有民族特色的节日。火把节期间，各村寨扎成大火把竖立寨中，各家门前竖起小火把，入夜点燃，村寨一片通明。

3 西双版纳傣族泼水节

泼水节也叫"浴佛节"，它有数百年的历史了，节日期间，傣族男女老少穿上节日盛装，而妇女们则各挑一担清水为佛像洗尘，求佛灵保佑，之后，人们就开始相互泼水，表示祝福，希望用圣洁的水冲走疾病和灾难，换来美好幸福的生活。

4 纳西族三朵节

二月初八，是纳西族祭祀性节日，人们叫"三朵节"。节日那天，无论远近的纳西人均云集玉龙山麓的三朵庙，举行隆重祭拜仪式，庙里人山人海，香烟缭绕，气氛庄严肃穆。

5 怒江傈僳族阔时节

每年的12月20日定为傈僳族一年一度的传统节日，即"阔时节"。阔时节期间，家家户户都要舂籼米和糯米粑粑，酿制水酒，祈求来年的丰收和幸福。

6 西双版纳拉祜族扩节

拉祜族扩节是西双版纳拉祜族最盛大、最隆重的节日，节期与汉族的春节相同，因此人们把拉祜扩节称为拉祜族的春节。节日期间，杀猪、宰鸡、吃年饭、荡秋千、打陀螺，拉祜族的人们会聚到一起，举行隆重的祭祀活动，祈求五谷丰登，国泰民安。

7 红河金平傣族男人节

我们都知道，每年的3月8日是国际劳动妇女节，但在云南还有红河金平傣族男人节，节日是在每年正月廿九日举行，"男人节"期间，男人的地位很高，妇女要为男人忙前忙后。

8 楚雄苗族花山节

苗族花山节，为正月初二至初七，是苗族一年一度的传统节日，花山节这天，首先由"花杆头"向前来参加"踩花山"的人敬酒，祝福，随后宣布节日庆典开始。

9 大理白族三月街

大理白族三月街，是白族人们的传统佳节，也是云南省遐迩闻名的物资交流大会，每年农历三月十五日至二十日在大理古城西举行。节日期间，远至千里、近到邻县的商人群众，都赶来参加。

10 布朗族山抗节

每年的四月十五日，是布朗族的"山抗节"，节日期间，男女青年都要向老人赠送食品，以感谢老人的养育之恩。

D 速度买云南！

YUNNAN HOW

❶ 特色 **伴手好礼** 带回家

1 普洱茶

云南普洱茶，历史悠久，古代就是朝廷贡品；现在最为云南名茶之一，在全国极负盛名，它选用云南大叶茶的鲜叶为原料精制而成，冲泡茶水色清微黄，饮之满口留香。

2 云南白药

云南白药是云南著名的中成药，由名贵药材制成，具有化淤止血、活血止痛、解毒消肿之功效，问世百年来，云南白药以其独特、神奇的功效被誉为"中华瑰宝，伤科圣药"，蜚声海内外。

3 宣威火腿

宣威火腿，因产于滇东北的宣威县而得名，其以皮薄肉厚，肉色红艳，香气浓郁，味鲜美回甜而名扬全国；宣威火腿是采用当地的乌蒙猪，取猪后腿，切成琵琶状，用盐巴反复搓揉直至盐渗入肉中，再进行腌渍，待自然发酵，半年以后，当用针在宣威火腿三个不同的部位扎三个小孔，有"三针清香"时，正宗的宣威火腿便制成了。

4 云南贡米

云南的贡米，是过去当地官府向朝廷进献的贡米，贡米有紫米、遮放米、八宝米。紫米，是元朝和明朝进贡米，属糯米类，米色紫黑，味香甜，黏而不腻；遮放米，是清朝时的进贡米，属软米，色泽白润如玉，颗粒大而长，用遮放米煮饭，香软可口；八宝米，以香味浓、甘甜滋润、富有油脂、颗粒大、滑感强、形色美、成熟快、产量高八大优点而闻名，历代都作为贡米。

5 干巴菌

干巴菌是云南省特有的珍稀野生食用菌，它生长在滇中及滇西的松树间，干巴菌虽然不太好看，但味道鲜美无比，是野生食用菌中的上品，现在更成了云南特产，游客来云南大都争相购买。

6 斑铜工艺品

斑铜工艺品，是云南铜制工艺品中一种享有盛名的商品，因其表面有离奇、闪耀的结晶斑纹而得名；斑铜工艺品浑厚古朴，典雅富丽，熠熠生辉的艺术效果，令人爱不释手；斑铜工艺品中的孔雀瓶、大犀牛、仿古牛、五型炉、孔雀明王、如来佛祖等被国家有关部门定为永久珍品收藏。

7 建水紫陶

建水紫陶，历史悠久，有近千年的历史，是我国四大名陶之一，建水紫陶有"坚如铁、明如水、润如玉、声如磬"之誉。现在建水陶产品丰富多彩，精美绝伦，例如有瓶、尊、盆、盘、碟、碗、壶、缸、汽锅、烟斗、文房四宝、乐器、日常生活用品等100多种，深受人们喜爱。

8 甜角

甜角，又称罗望子，主要产于云南西双版纳，果实为褐色、味甜，类似干桂圆的味道，甜角果肉富含钙、磷、铁等多种元素，其中含钙量在所有水果中居首位；甜角具有清热解毒，开胃健脾之功效，深受大众的喜爱。

9 乌铜走银

乌铜走银是云南的一种独特的铜质工艺品，它以铜为胎，在胎上雕刻各种花纹图案，然后将熔化的银水填入花纹图案中，冷却后打磨光滑，时间久了底铜自然变为乌黑，透出银纹图案，并呈现出黑白分明的装饰效果，古香古色，典雅别致，由于一般多以镶嵌白银为主，故称"乌铜走银"。乌铜走银，一般有小花瓶、笔筒、墨盒等，常见的图案纹饰有花鸟虫鱼、梅兰竹菊、龙凤鹿鹤等，在云南非常受欢迎。

10 剑川木雕

剑川木雕做工精细、用料考究，造型美观大方，高雅别致，坚硬柔韧，可谓集明、清各式木雕之精华，具有很高的实用价值、工艺价值和收藏价值，现在剑川木雕种类达数百种，大到桌椅、茶几，小到日常生活用品，都非常受青睐。

YUNNAN HOW 速度 游 云南！

① 7天6夜计划书

DAY 1

7天6夜 世界园艺博览园—金马碧鸡坊—云南陆军讲武堂—滇池

世界园艺博览园，是1999年昆明世界园艺博览会的会址，它规模宏大，是非常具有云南地方特色的世界一流的园林园艺大观园。

世界园艺博览园由世纪广场、艺术广场，中国馆、人与自然馆、大温室、科技馆、国际馆、国际室外展区、中国室外展区、树木园、茶园、药草园、竹园、蔬菜瓜果园等部分组成，登上园内的观景塔，整个世界园艺博览园尽收眼底。

云南金马碧鸡坊具有昆明民俗特色，高12米，宽18米，雕梁画栋，精美绝伦，当然金马碧鸡坊的精巧之处，还在于"金碧交辉"的奇景。

云南陆军讲武堂是我国近代一所著名的军事院校，它的知名度很高，曾与黄埔军校齐名。现在讲武堂还保留着原来的建筑，如有东、西、南、北四座楼房、兵器库、练兵操场等。在战争年代，讲武堂培养了一大批将军、元帅，因此，有人称它是"革命大熔炉"。

滇池，古代也称为滇南泽，湖体略呈弓形，南北长39公里，东西宽为13公里，湖面面积330平方公里，是我国云南省第一大湖。

滇池风光秀美，古往今来，无数文人墨客挥毫吟咏，赞美滇池，称它为"高原上的明珠"，历史上就是人们向往的胜地，现在更是旅游、娱乐、度假的理想场所。

DAY2 DAY3

7天6夜
青龙峡—石林—圭山国家森林公园

昆明青龙峡区内森林密布，植被完好，古藤缠绕，溪流吟唱，瀑布飞溅，水车旋转，日照炊烟，民风淳朴，游览景点星罗棋布，尤其是有"滇中第一漂"之称的青龙峡漂流，最受游人的青睐。

石林主要由石林湖、大石林、小石林、外石林和李子园五个部分组成，其中，李子园是石林景区内单体最大，也是最集中、最美的一处；而狮子亭、剑峰池、望峰亭、莲花峰是石林中最为佳妙的景观；此外，石林中还有"双鸟渡食"、"万年灵芝"、"骆驼骑象"、"母子偕游"等100多个景点可供赏玩。

圭山国家森林公园因雄、奇、险、秀的山峦形若大海龟隆起的背部而得名，公园内不仅有多样性的森林植被、多种野生动物，而且有独特的民族文化、民族风情和宗教文化，特别是喀斯特地貌更为公园增添了奇异的景观，是人们追求生态旅游的理想去处。

7天6夜
石羊古镇—大姚白塔—德丰寺

石羊古镇，是一个历史悠久，文化底蕴深厚的小镇，也是云南省三个历史文化名镇之一。小镇有众多的历史古迹，如有古老的南北二塔、整洁的街道、古盐井、晒盐篷、古民居等，其中最引人注目的莫过于"七寺"、"八阁"、"九座庵"。

大姚白塔是古代南诏国盛行佛教时的遗物，因塔身通体粉白而得名，大姚白塔迄今已有1000多年的历史，其建筑设计新颖在云南绝无仅有，所以，人们称它为"宝塔"。

德丰寺是目前楚雄彝族自治州内保存完好的明代建筑，该寺规模宏大，庄严壮观。现在寺内设有博物馆，馆内保存600余件珍宝，其中的德化铭碑，为云南八大名碑之一。

DAY4

7天6夜 丽江古城

丽江古城，也叫大研镇，它与四川阆中、山西平遥、安徽歙县并称为"保存最为完好的四大古城"，同时，它还是我国历史文化名城中两个没有城墙的古城之一。丽江古城建于宋末元初，依山就水而建，没有受到传统建筑城市模式的影响，它在建筑布局、设计等方面，如民居、寺庙等，都考虑到了抗震、遮阳、防雨、通风等，可谓处处蕴含着古代人们的劳动智慧。此外，古城内文物古迹众多，非常适合在这里发呆、闲逛。白天四处转转，晚上可以在丽江的酒吧里彻底地放松。

DAY5

7天6夜 玉龙雪山—虎跳峡

玉龙雪山是北半球最南的大雪山，山势由北向南走向，南北长35公里，东西宽25公里，以险、奇、美、秀著称。玉龙雪山景观大致可分为高山雪域风景、泉潭水域风景、森林风景、草甸风景等，是集观光、登山、探险、科考、度假、郊游为一体的多功能的旅览区。

在金沙江入口处，有一巨石横卧江心，激流从仅有30米宽的巨石两侧穿流而过，涛声震天，白浪翻滚，传说猛虎常靠江心巨石跃上对岸，故名虎跳峡。虎跳峡全长17公里，上下落差200米，其势可以用惊、险、奇来形容，十分值得一观。

清晨
到达大理

DAY 6

7天6夜 天龙八部影视城—苍山洱海—巍山古城

天龙八部影视城，占地770亩，总建筑面积2.5万平方米，共由146个单体建筑构成，影视城按照"大理特点、宋代特色、艺术要求"三结合的原则进行规划、设计，"中国一流，西部第一"是人们对天龙八部影视城的最高评价。

苍山洱海是古今旅游者所向往的地方。苍山，也叫点苍山，其景色向来以雪、云、泉著称。洱海，是一个风光明媚的高原湖泊，海水干净透明，海面宛如碧澄澄的蓝天，给人以宁静而悠远的感受。

巍山古城较为完整的保持了建城时的棋盘格局，是中国保存最好的明清古建筑群之一。目前，巍山古城内保留下来的建筑有东西南北四个城门、星拱楼、文庙、玉皇阁、东岳宫等，其中星拱楼是古城的标志性建筑。另外，古城内最引人注目的是那纵横交错的大街小巷，大街小巷呈标准的井字结构建设，四通八达，可见，历史上这里十分繁荣。

清晨
到达西双版纳

DAY 7

7天6夜 西双版纳傣族园—野象谷—孔雀湖—雨林谷

西双版纳傣族园，有我国保存最好的五个傣族自然村寨，在傣族园不仅可以看到傣家民居，同时，还可以体验傣家日常生活乐趣。现在西双版纳傣族园还建成购物区、烧烤场、泼水广场、大型露天剧场等，傣族园成了综合性游览区。

野象谷内沟河纵横，森林茂密，一派热带雨林风光，因野象出没频繁而得名，它是西双版纳唯一可以观赏到野象的地方；野象谷还有我国第一所驯象学校，游人可观看大象表演节目；在野象谷，除了能看到野象外，还能看到野牛、绿孔雀、猕猴等珍稀动物。

孔雀湖，由"两河三水"组成，其形如一只开屏的孔雀飞临绿野之间，所以得名孔雀湖；孔雀湖，湖水清澈，碧波荡漾；湖的四周，建有亭台水榭，植有奇花异卉，把孔雀湖点缀得更具魅力。

雨林谷由于地貌呈沟谷形状，形成了典型的沟谷雨林，谷内，山高林密，植物遮天蔽日，并形成了立体的植物生态系统；在这莽莽的林海深处，生长着100多种奇花异木，栖息着众多的珍禽异兽，特别是谷内的空中走廊、溜索等娱乐设施穿插林间，更让人眼前一亮。

E 速度游 云南！

YUNNAN HOW

② 5天4夜 计划书

清晨 到达昆明

DAY 1

上午 5天4夜
世界园艺博览园—金马碧鸡坊—大观公园

世界园艺博览园规模宏大，长3公里，宽1公里，是世界一流的园林园艺大观园。园内人文景观和自然风景都十分丰富，如果站在园内的观景塔上，整个博览园的美景尽收眼底。

云南金马碧鸡坊，位于昆明市中心，东坊临金马山而名为金马坊，西坊靠碧鸡山而名为碧鸡坊，北与纪念赛典赤的"忠爱坊"相配，合称"品字三坊"，是昆明闹市中最受欢迎的胜景。

大观公园以长联历史文化为主题的游览区，分为近华浦文物古迹景区、南园中西合璧园林景区和西园现代园林景区；园中最具观赏价值的是大观楼，大观楼被赞为"万里云山一水楼"，登上大观楼不但可以欣赏大观公园的风景，而且还可以欣赏滇池和西山的美景。

DAY 1

下午 5天4夜 滇池

滇池，也称昆明湖、昆明池，位于云南省昆明市的西南郊，它是云南省最大的淡水湖，素有"高原明珠"之称。是云南最著名的旅游、休闲、度假的胜地。

DAY 2 | DAY 2

上午 5天4夜 青龙峡—玉龙湾

青龙峡，位于安宁市西北郊的青龙镇，目前它分成了5个不同的游览景区，分别是青龙峡漂流游览区、青龙峡古箐探幽片区、青龙峡溪谷揽胜片区、青龙峡彝寨风景区、青龙峡第五景区。其中，青龙峡漂流具有"滇中第一漂"之称，备受游人欢迎。

玉龙湾风景区，其主要包括自然风景区、电影拍摄基地和东南亚民俗文化城等景点。自然风景区中可以享尽大自然的乐趣；电影拍摄基地是国内唯一以东南亚文化为特色并将文化展示项目与影视拍摄相结合的景点；具有浓厚的东南亚民族风情的文化城，集中展示了泰国、缅甸、老挝、越南等10个东南亚国家的民俗文化。

下午 5天4夜 石林

石林，位于昆明石林彝族自治县内主要由石林湖、大石林、小石林、外石林和李子园五个部分组成，其中，李子园是石林景区内单体最大，也是最集中、最美的一处；而狮子亭、剑峰池、望峰亭、莲花峰是石林中最为佳妙的景观；此外，石林中还有"双鸟渡食"、"万年灵芝"、"骆驼骑象"、"母子偕游"等100多个景点可供赏玩。

芝云洞，长400米，宽3～15米，高5～30米，呈"丫"形，洞内多石钟乳、石笋、石柱等溶洞景观，从洞口到洞尾，共20多个主要景点，例如有灵芝仙草、玉象撑天、倒挂金鸡、葡萄满园、云中坐佛、礼貌洞、钻山骆驼、双狮恋、悟空取宝、东西龙宫、蛟龙升腾、千年玉树等，形态多样，异彩纷呈，被人称为"仙迹胜景"。

清晨
到达西双版纳

DAY3

上午 5天4夜 西双版纳热带植物园—野象谷

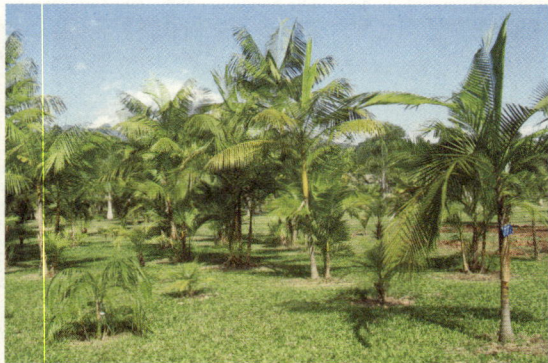

　　西双版纳热带植物园，是目前我国最大和保存物种最多的植物园，现在园里建成了13个专题园，如热带果树资源园、萌生植物园、棕榈植物园、水生植物园、民族植物园、药用植物园等，共有3000多个植物种类，其中许多植物种类是很多人闻所未闻的，如能改变味觉的"神秘果"；会下雨的"下雨树"；会吃小虫的"猪笼草"等，无不令人大开眼界。

　　野象谷因为经常有野象出没，所以得名。谷内河网密布，沟谷纵横，森林茂密，一片热带雨林风光。现在野象谷内分动物观赏区、原始森林探险旅游区两个部分。另外，野象谷还有我国第一所驯象学校，游人在这里可观看大象表演节目。

DAY3

下午 5天4夜 勐景来傣寨—打洛小镇

　　勐景来傣寨，是一个典型的傣族村寨，由于特殊的地理位置和历史悠久的传统文化，被人称为"中缅第一寨"，置身于村寨，既可以饱览傣族民居，田园风光，还可以品尝傣族风味的烧烤，体验傣族风情。

　　打洛小镇，地处中缅边境，打洛，是傣语，意为"多民族混杂聚居的渡口"，这里居住着傣、布朗等族；打洛历史悠久，历史上就是边境重镇，因此打洛小镇有许多人文景观；由于打洛镇属北热带气候，夏无酷暑、冬无严寒，故每年来这里度假、观光、避暑的游人不计其数。

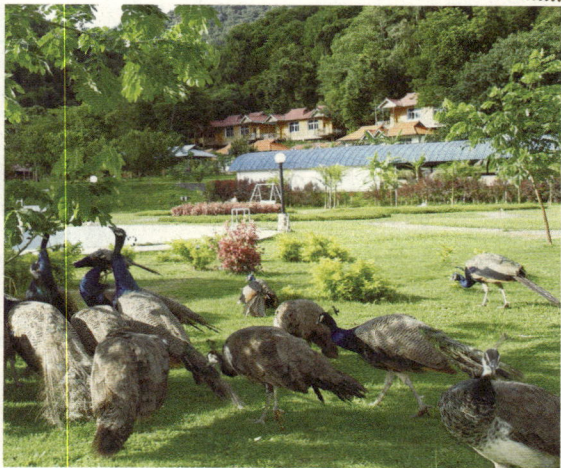

清晨 到达大理

DAY 4

上午 5天4夜 崇圣寺三塔—天龙八部影视城

　　崇圣寺三塔由一大二小三座佛塔组成，其中，大塔叫"千寻塔"，共16层，高69.13米，是典型的方形密檐式砖塔。两小塔分别有10层，均高42.19米，是一对八角形的砖塔。三塔呈鼎立之态，远远望去，卓然挺秀，十分壮观。

　　天龙八部影视城一个大型影视拍摄基地，它分三个部分，第一部分为大理国，包括大理街、大理皇宫、镇南王府；第二部分是辽国，包括辽城门和大小辽街；第三部分就是西夏王宫和女真部落。游人评价影视城："中国一流，西部第一"。

DAY 4

下午 5天4夜 南诏太和城—苍山洱海

　　南诏太和城，是一座建在山坡上的城市，城址颇具规模，呈不规则三角形，城墙多依山势用土夯筑而成，地势险要，易守难攻，在当时具有重要的军事战略地位；城内还建有金刚城和南诏避暑宫，可供游人参观、游览。

　　苍山，景色向来以雪、云、泉著称，尤其是苍山的云，变幻无穷，时而淡如青烟，时而浓似泼墨，令人遐想。洱海呈狭长形，南北长40公里，面积约240平方公里，海水干净透明，海面宛如碧澄澄的蓝天，给人以宁静而悠远的感受。站在洱海最南端的团山上，苍山洱海美景一览无余。

DAY5

清晨
到达丽江

上午 5天4夜 丽江古城

丽江古城是我国保存最为完好的四大古城之一，始建于宋末元初，历史上就是远近闻名的集市和重镇。该古城的设计、布局、建筑等方面十分新颖、巧妙，它不仅融汇了各个民族的建筑文化特色，还拥有古老而完善的供水系统，这一系统，至今仍发挥着作用。今天，丽江古城已经失去了昔日的恢宏与繁华，但是那些闪耀着历史光芒的古建筑保存的非常完好，例如有古城大水车、万古楼、古街、古桥、木府等。其中，有些建筑设施现在还在使用，比如古城内的四方街，依山势而建，顺水流而设，以红色角砾岩铺就，雨季不泥泞、旱季不飞灰，街道两旁的店铺鳞次栉比，每天人来人往，热闹非凡。尽管丽江古城历经漫长岁月的洗礼，饱经沧桑，但是它所蕴含的历史文化韵味犹在，不愧是我国宝贵的历史文化遗产。

DAY5

下午 5天4夜 观音峡

观音峡因为具有丰富的人文景观和优美的自然景观，被人们誉为"丽江第一景"。它位于丽江市东南郊。"漫漫雄关邱塘道，悠悠茶马滇藏情"，是观音峡的写照。如果你身临观音峡，会有一种"山重水复疑无路，柳暗花明又一村"的感觉。这也许正是观音峡的魅力所在。观音峡景点较多，著名的有良马桥、滇藏茶楼、黄龙泉瀑布、观音峡瀑布、霞客亭、天香塔、木家别院等，这些景点不容错过，尤其是观音峡瀑布，飞流直下，有银河落九天之势，壮观至极。目前，观音峡风景区通过不断地完善旅游配套设施，已经发展成为集山水、峡谷、森林、湖泊等自然风景为一体，以茶马古街，纳西村落、民俗、宗教风情等人文景观为特色的风景区，每年来这里的海内外游客，络绎不绝。

清晨 到达昆明 DAY1

上午 3天2夜
世界园艺博览园—金马碧鸡坊—东寺塔和西寺塔

世界园艺博览园，位于昆明北郊，1999年昆明举办的世界园艺博览会就是在这里进行的，被称为"具有中国特色和云南地方特色的世界一流的园林园艺大观园"。

金马碧鸡坊是昆明闹市中的一道亮丽风景线，它历史悠久，民族特色鲜明，被誉为昆明的象征。金马碧鸡坊不但建筑高大、宏伟，更加独特的地方在于它那"金碧交辉"的奇景。每个见过这种奇观的游人，无不拍案叫绝，惊叹不已。

昆明东寺塔和西寺塔，距今已有1000多年的历史，是昆明现存最古老的建筑之一，东寺塔有13层，高40余米，西寺塔高35米，两座塔都是四方形空心密檐式砖塔，两塔一西一东，遥遥相对，在现代化建筑的衬托下，更显得古朴苍劲。

DAY1

下午 3天2夜 滇池—云南民族村

滇池，素有"高原明珠"之称，湖体略呈弓形，南北约40公里，东西宽7公里，是云南省最大的淡水湖，湖区风光优美，景色宜人，是旅游、观光、度假的好去处。

云南民族村，是展示云南25个民族社会、文化、风情的窗口；在村寨里，除可了解云南各民族的建筑风格、民族服饰、民族风俗外，还可以观赏激光喷泉、水幕电影、民族歌舞、大象表演；同时，还可品尝民族风味小吃，购买民族工艺品。

上午 **3天2夜** 丽江古城—虎跳峡

丽江古城历史悠久，古朴自然，兼有水乡之容，山城之貌，它不仅是是我国目前保存最为完好的四大古城之一，还是我国历史文化名城中两个没有城墙的古城之一。丽江古城可以说有别于我国任何一座古城，古城未受我国古代传统建城规制的影响，城中无规矩的街道，无森严的城墙，建筑物依山就水、错落有致，古朴而不失壮观。如今，丽江古城虽然已经有八百多年的历史了，但是不论是古城的街道、广场牌坊、水系桥梁，还是民居装饰、庭院小品、槛联匾额、碑刻条石，无不展示着文化内涵和历史的神韵。

金沙江劈开玉龙雪山和哈巴雪山，形成世界最深的大峡谷，这便是虎跳峡，虎跳峡全长17公里，江面落差200米，其势可以用惊、险、奇来形容；在虎跳峡上游的金沙江入口处，有一巨石横卧江心，激流从仅有30米宽的巨石两侧穿流而过，涛声震天，白浪翻滚，传说猛虎常靠江心巨石跃上对岸，故名虎跳峡。

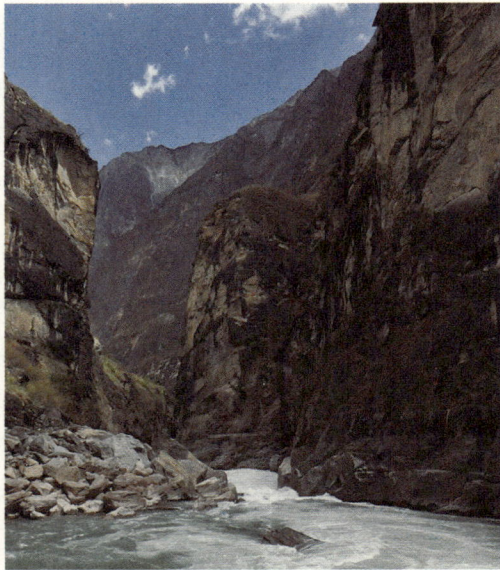

下午 **3天2夜** 大理洋人街—苍山洱海

大理洋人街，原名"护国路"，因民国初云南人民反对袁世凯称帝，起兵护国而得名；洋人街东西走向，长1000米，宽7米，青石板铺面；现在街道两旁，中西店铺林立，各地商品琳琅满目，让人目不暇接，大理洋人街俨然成了国际商业街。

苍山洱海，山海相依，自古就是无数旅游者所向往的胜地。苍山，也叫点苍山，其景色向来以雪、云、泉著称，如果在风和日丽的阳春三月，苍山还是一个花团锦簇的世界，各种奇花异木把苍山装扮得妩媚动人。

洱海，是一个风光明媚的高原湖泊，它呈狭长形，南北长40公里，面积约240平方公里，湖水干净透明，湖面宛如碧澄澄的蓝天，给人以宁静而悠远的感受。

DAY 3

清晨
到达普洱

上午 3天2夜
倒生根公园—梅子湖公园

倒生根公园，位于普洱市思茅区中心，因有一棵长有倒生根的奇特大榕树而得名。这棵高大的榕树，当地人们赋予它众多的美称："倒生根"、"一树春秋"、"独树成林"等。从这些名字，可见这棵大榕树的奇特之处。尽管这棵大榕树已有800多年的历史，现在依然枝繁叶茂，不仅独木成林，而且在一棵树上表现春秋两种景观，实在令人惊叹不已。

梅子湖是一个人工湖，它是因人工筑坝拦截梅子河蓄水形成的湖泊。梅子湖公园正是以梅子湖为中心而建成的公园。公园非常适合避暑，在梅子湖公园大门两旁悬挂有 "望梅解渴意，见湖身自凉"的楹联，不难看出这里是避暑的好地方。现在梅子湖湖畔建了许多亭台楼阁。另外，湖畔还建有许多小茶馆、小饭馆，游人可在湖畔小憩，品尝当地生产的普洱茶，还可品尝湖中之鱼做成的酸辣鱼，砂锅鱼等，别有一番风味；每逢节日，公园里游客如云。

DAY 3

下午 3天2夜 中华普洱茶博览苑

中华普洱茶博览苑，是一个有上万亩的生态茶园。它建在普洱市郊区的营盘山上，茶园被青山环绕，丘陵相拥，景色极为秀丽，堪称茶海中的一颗璀璨明珠。博览苑中有博物馆、问茶楼、采茶区、茶作坊、茶祖殿、品鉴、嘉烩坊、村村寨寨、闲怡居等九大景区，分别展出了普洱茶的加工流程、相关文物，字画等，游人在博览苑中可以充分体验观茶，采茶，制茶，吃茶，品茶，斗茶，拜茶，购茶的乐趣。

大赏
云南

攻略 HOW

云南

云南攻略 昆明市

YUNNAN HOW

昆明，位于云南省中部，为云南省省会，是国家级历史文化名城，同时，也是云南省政治、经济、文化、科技中心，此外，它还是我国面向东盟的大都市；昆明因夏无酷暑、冬无严寒、气候宜人，具有典型的温带气候特点，被冠以"春城"，而享誉中外。

昆明市 特别看点！

第1名！
滇池！
100分！

★ 是我国云南省第一大湖，素有"高原明珠"之誉！

第2名！
世界园艺博览园！
90分！

★ 规模宏大，是世界一流的园林园艺大观园！

第3名！
金马碧鸡坊！
75分！

★ 与"忠爱坊"相配，合称"品字三坊"，成为昆明闹市胜景！

---

1 昙华寺公园

仿江南古典园林公园 ★★★★ 玩

昙华寺公园，位于昆明市东郊3公里处，它是一座仿江南古典园林公园。昙华寺公园分为前园、中园、后园三部分，前园基本以昙华寺庙建筑为主，内有亭台楼阁、假山水榭等；中园比前园稍大，园内有儿童娱乐园、牡丹园、杜鹃园、山茶园、海棠樱花园等；后园内有一棵古老的优昙树，这棵优昙树种植于明崇祯年间（1628—1644年），距今有300多年的树龄。现在昙华寺公园还新增了不少景点，如十八罗汉、五百罗汉石刻、全国名联碑园。每天昙华寺公园游客络绎不绝，门庭若市。

📧 昆明市盘龙区光明路 🚌 乘昆明市出租车可达 📞 0871-3845448
💴 免费 🕐 8:00—18:00

2 世界园艺博览园

90分!

世界一流的园林园艺大观园

★★★★★ 赏

📧 云南省昆明市盘龙区世博路10号 🚌乘10、69、71路公共汽车可达 📞0871-5012367

💴100元 🕐8:00—18:00

　　1999年昆明举办了规模宏大的世界园艺博览会，世界园艺博览园就是那个时候兴建起来的旅游胜地。世界园艺博览园无论是占地规模，还是设计的建筑，在历届博览会中都是世界一流的。目前世界园艺博览园由多个不同部分组成，如世纪广场、艺术广场，中国馆、人与自然馆、大温室、科技馆、国际馆，国际室外展区、中国室外展区，树木园、茶园、药草园、竹园、蔬菜瓜果园等，每个部分景致各有千秋。在博览园中有9条游览道路把各部分连接起来，形成一个整体，勾勒出一幅优美的风景画。站在博览园内的观景塔上，整个世界园艺博览园的景色，尽收眼底。

3 # 野鸭湖

野鸭的乐园

★★★★★ 赏

野鸭湖，位于昆明市盘龙区，因这湖里常年有野鸭嬉戏，所以取名野鸭湖。野鸭湖山清水秀、鸟语花香，一年四季如画，春之花、夏之果、秋之叶、冬之雾是野鸭湖景色的特点。除了欣赏美景以外，野鸭湖里还有一道动态的风景，那便是成群的野鸭，这些野鸭或是戏水，或是追逐，许多摄影爱好者划着小舟，在野鸭湖里采集那美丽的瞬间。现在野鸭湖已经开辟成野鸭湖度假区，在度假区里有许多游玩项目，如趣味对抗赛、小型狩猎、赛马、溜索。野鸭湖度假区成为昆明市民周末休闲、娱乐的理想之地。

昆明市盘龙区 公共汽车可达

乘10、71路

0871-7330888

15元 7:00—19:00

4 云南民族博物馆
我国规模最大的民族博物馆

★★★★ 赏

云南省昆明市西山区滇池路1503号 乘24、44路公共汽车可达 ☎0871-4311219 ¥10元

　　云南民族博物馆，距离昆明市区约9公里，它是目前中国规模最大的民族博物馆。云南民族博物馆占地面积13万平方米，建筑面积6万平方米，馆内分三个区，分别是展示区、收藏区和科研办公区，其中展示区有16个展馆，分别展出了云南少数民族的服饰节庆、民间艺术、文字古籍等，参观完云南民族博物馆，游客会对云南少数民族丰富多彩、个性鲜明的传统文化、生活状态、精神风貌等有更深的了解。

5 云南民族村
云南少数民族风情的窗口

★★★★★ 玩

云南省昆明市西山区滇池路1310号 乘44、73路公交车 ☎0871-4311151 ¥90元

　　云南民族村，位于昆明市西南郊，它是云南省新兴的旅游度假胜地，也被称为展示云南少数民族社会、文化、风情的窗口。游客在云南民族村，除了可了解云南各民族的建筑风格、民族服饰外，还可观赏具有民族特色的激光喷泉、水幕电影、民族歌舞、大象表演等；同时，还可品尝民族风味小吃，购买民族工艺品。

　　云南民族村里还举行富有特色的少数民族节日，如白族的"三月街"、傣族的"泼水节"、彝族的"火把节"、傈僳族的"刀杆节"、景颇族的"目脑纵歌节"、纳西族的"三朵节"等，游客参与其中，别有一番情趣。

⑥ 滇池 （100分！）

素有"高原明珠"之称 ★★★★★ 赏

滇池，也称昆明湖、昆明池，位于云南省昆明市的西南郊，它是云南省最大的淡水湖，素有"高原明珠"之称。滇池湖体略呈弓形，南北长39公里，东西最宽为13公里，湖面海拔1886米，面积330平方公里。滇池作为昆明风景名胜的中心，它四周风景名胜众多，如郑和公园、海埂公园、西园别墅、龙门村、观音山、白鱼口等。古往今来，无数文人墨客挥毫吟咏，赞美滇池，滇池在历史上就是游人观光和避暑的胜地，现在更是旅游、休闲、度假的理想之地。

✉ 云南省昆明市西山区滇池路1318号 🚌 乘24、44、73、94路公共汽车可达 📞 0871-6316995 🕐 7:00—18:00

海埂公园
滇池中的长堤

海埂公园，在滇池的东北部，它是伸入滇池的长堤，它东起海埂村，西到西山脚，正好把滇池一分为二，全长5公里，宽60～300米不等。海埂公园内河港纵横，堤岸垂柳依依，非常美丽。值得一提的是海埂南面的海滩是一片细软白沙，湖水由浅入深，是天然的湖滨游泳场，每当夏日，在这里可以击水逐浪，卧波纳凉，非常惬意。

白鱼口
小白鱼乐园

白鱼口，位于滇池西岸，它如一个半岛伸入滇池，有民歌这样形容白鱼口："此地水阔浪飞雪，成群海鸥连天白。天上白云水中游，天水鱼鸟成一色。"的确，每逢汛期，白鱼口淤积许多泥沙，这时水体平静，许多小白鱼纷至沓来，在这里嬉戏，所以称它为"白鱼口"。

郑和公园
纪念伟大航海家郑和的公园

郑和公园，原来叫月山公园，因郑和是昆明人，而其父亲也葬在此处，所以在这里修建郑和公园，以纪念这位伟大的航海家对于我国古代航海事业做出的贡献。郑和公园内建有望海楼、郑和纪念馆、郑和纪念碑亭等建筑，其中望海楼，以巨船形为底，楼设三层，里面陈列郑和像、郑和航海图、福建《天妃应灵之碑》及有关史籍等文物。许多游人来到郑和公园，不仅会细细观赏望海楼内的每一件文物，同时，还会登上望海楼，眺望滇池五百里的美景。

云南省昆明市西山区　乘乘6、17、18、21、51、94路公共汽车可达　0871-8426668　￥50元　8:30—18:00

7 西山森林公园
三月三，耍西山 ★★★★★ 玩

　　昆明西山森林公园，位于昆明西郊，它是一个集旅游、度假、休闲、娱乐于一体的风景名胜游览区。昆明西山森林公园主要由华亭寺、聂耳墓、太华寺、三清阁、龙门等景点组成。

　　现在西山森林公园拥有多条特色旅游线路，分别是民俗活动旅游、考古旅游、地质旅游、花卉观赏旅游、登山健身旅游、宗教朝山拜佛旅游、爱国主义教育红色旅游、观滇池日出、晚霞气候风光旅游，每条旅游线路各具特色，内容丰富。

华亭寺
北宋古寺

　　华亭寺，位于昆明市西山森林公园景区中心，始建于北宋年间，占地近12000平方米，依山势而建，坐西向东，规模宏伟，布局严谨。华亭寺保留下来的建筑较多，纵轴线上建有放生池、天王殿、八功德池、大雄宝殿、藏经楼。横轴线上设经堂、祖堂、方丈室、僧堂、客堂、浴堂、库房、香积厨等。

聂耳墓
音乐家聂耳的墓园

　　聂耳墓是西山森林公园内爱国主义教育红色旅游的一部分，整个墓园占地面积1200平方米，呈云南月琴状，7座花坛表示7个音阶。墓穴位于月琴发音孔上，由24块墨石叠砌，象征聂耳24岁年轻的生命。另外，聂耳墓旁边建有聂耳的雕像和聂耳纪念馆。

太华寺

元朝古寺

太华寺，也称佛严寺，位于西山森林公园的太华山腰。太华寺建于元代，坐西面东，规模宏阔，布局严谨。太华寺内的主要建筑有大雄宝殿、万清阁、大悲阁、万顷楼等，并有亭、阁、廊、池搭配其间，使得太华寺既华丽，又不失庄严。

三清阁

建在绝壁上的"空中楼阁"

三清阁，位于西山森林公园内的罗汉山上，是道教宫观。三清阁建筑较多，例如三清殿、三丰殿、吕祖殿、元帝殿、真武殿、七真殿、张仙殿等。三清阁的独特之处是它的许多建筑都建在绝壁上，全靠锤凿而得立足之地，远远望去就像是"空中楼阁"。

8 昆明盘龙江

散发文化气息的河流 ★★★★★ 赏

昆明盘龙江，全长105公里，是一条横穿昆明市区的河流，同时，也是昆明四城区的分界线。这条河流养育了昆明数百万人口，被看成是昆明各族人民的成长摇篮，并孕育了异彩纷呈、内涵丰富的盘龙江文化。每年国庆，盘龙江上都要举行赛龙舟。每当这时，盘龙江两岸人山人海，江内百舸争流，盘龙江充满了活力。

✉ 云南省昆明市盘龙区、五华区、西山区、官渡区 🚌 乘9、10、55、59、60、96、92、105路公共汽车可达　📞 0871-3120350

9 钟灵山国家森林公园

人文景观与自然景观融合的大观园 ★★★★ 赏

钟灵山国家森林公园被称为人文景观和自然景观完美结合的大观园，它除了森林茂密、植被丰富以外，就是由地势地貌形成的自然景观，如"三十六筒花边鼓"、"七十二帼吊吊旗"、"春花浮涧槽"、"老虎搔痒"、"晨曦观日"、"白马望金钟"、"五老观太极"等自然景观。

✉ 云南省昆明市西山区 🚌 从昆明市包车可达　💴 20元　🕐 8:00—18:00

钟灵山国家森林公园还有众多的文物古迹遗址，如钟灵寺、易隆古驿道、关岭古战场遗址、诸葛亮七擒孟获会盟碑址等，这些文物古迹与自然景观交相辉映，美不胜收。

✿ 钟灵寺

钟灵山国家森林公园里的一朵奇葩

钟灵寺是钟灵山国家森林公园中的一个著名景点。它位于钟灵山巅，建于明代，古寺保留的建筑有四殿两厢。四殿两厢层层相对，石级相连，既庄重严谨，又雄伟壮观。

10 昆明近日楼

接近太阳的高楼

★★★★★ 赏

昆明近日楼，始建于元代，坐北朝南，楼底东西宽约60米，南北长约40米，高20多米，被老昆明人誉为"接近太阳的高楼"。近日楼，原来叫大南城，后来有人登上此楼，感叹"举头红日近，回首白云低"，于是将它改为"近日楼"，人们觉得近日楼听起来更能显示出它的壮观，这才得名"近日楼"。

✉ 云南省昆明市西山区　🚌 乘4、52、54路公共汽车可达　¥ 5元
🕐 8:30—18:00

11 昆明民族团结广场

民族团结的象征

★★★★ 赏

✉ 云南省昆明市西山区滇池路1288号　🚌 乘24、44路公交车

昆明民族团结广场是一个充满云南少数民族文化的广场，被称为云南少数民族文化对外展示的窗口。广场上汇集了许多云南少数民族的风俗民情，例如云南各民族体育活动、民俗活动、节日庆典活动等，这些活动展示了云南各民族团结向上的精神，同时，也象征着各民族大团结。现在每天有苗、彝、藏、佤、傈僳等民族歌舞表演，还有亚洲象群表演，非常精彩。

12 筇竹寺

佛光宝地

★★★★★ 赏

　　筇竹寺位于昆明西郊玉案山麓，也称"筇竹禅寺"，它是一个有着神奇传说的古老寺庙。筇竹寺始建于唐代，多次遭到破坏，近年几经修复，形成今天规模。筇竹寺现有三重院落，依山势而建，有山门、大雄宝殿、华严阁、天王殿等主要建筑。筇竹寺最著名是位于大雄宝殿内的五百罗汉，这五百罗汉被称为"东方雕塑像艺术中的一颗璀璨的明珠"，由此足以看出它的艺术价值。

📧 云南省昆明市五华区　🚌 乘7路公共汽车可达
📞 0871-8181199　💴 10元

⑬ 郊野公园

原生态公园 ★★★★ 玩

✉ 云南省昆明市五华区　🚌 乘昆明市出租车可达
📞 0871-8181472　¥ 8元　🕐 8:00—18:30

　　昆明郊野公园，位于昆明西郊玉案山麓，它是昆明城郊接合部较大的公园之一，公园背依棋盘山，西邻筇竹寺，其面积达180公顷，园内山清水秀，风光无限，尤其到了阳春三月，园内的茶花、棠梨花、野樱桃、杏花竞相开放，美不胜收。郊野公园还有一个特色就是可以带宠物去，还可以自助烧烤。

14 昆明景星花鸟市场

花鸟虫鱼大市场 ★★★★★ 逛

昆明景星花鸟市场，是一个集休闲、观赏、购物于一体的综合性市场，在这个不到500米长的狭窄小街上，店铺林立，人山人海，热闹非凡，有经营花鸟鱼虫的，有卖古玩字画的，还有卖鱼具及珠宝的，各种商品琳琅满目。别看这条小街不起眼，每天还有欧美、东南亚国家的旅游者以及我国港、澳、台地区旅游者前来观光、购物。

✉ 云南省昆明市西山区　🚌 乘89路公共汽车可达
📞 0871-3515553　🕐 9:00—18:00

15 昆明西华园

闹市中的"世外桃源" ★★★★ 赏

昆明西华园，因园址在昆明城西，再之华者花也，故名西华园。西华园有两大特色，其一，它是云南省的兰花养植基地，现在公园开辟有兰花区、杜鹃花区、茶花区、裸子植物区、水生植物区。其二，整个公园的房屋、亭台、门楼等，都是仿照白族民居建造的，有"三坊一照壁"，也有"四合五天井"，青砖、粉瓦、白墙，更显现出一片白族之乡的风情。

✉ 云南省昆明市西山区西坝路　🚌 乘22、62、75、80路公共汽车可达
📞 0871-4142639　¥ 10元

16 黑龙潭公园
昆明市民休闲度假的好地方 ★★★★ 玩

　　黑龙潭，其实并不仅仅是指一处水潭，在历史上它是一座道观，当时称为"黑水祠"，所以黑龙潭素有"滇中第一古祠"之誉。现在黑龙潭被开辟为黑龙潭公园，成了昆明市民节假日、休闲、度假的好地方。黑龙潭公园无论自然风光，还是人文景观，在昆明市都首屈一指，其中尤以"唐梅、宋柏、明茶、明墓"名闻天下。除了这享有盛名的"四绝"以外，黑龙潭公园还有一处奇观，那就是公园里的清水塘和浑水塘，这两处水塘虽然彼此连接，却一清一浊，而且游鱼也不相往来。不过今天你再去黑龙潭公园观察这两处塘水，会惊奇地发现，昔日的浑水塘，也变得清澈见底了，这到底是怎么回事，到现在也没有人弄明白，也许正是这些谜团，使得黑龙潭公园显得更加富有魅力吧。

✉ 云南省昆明市龙泉路612号　乘 乘9、79、128路公共汽车可达　☎ 0871-5150910　￥15元
🕘 9:00—18:00

17 昆明动物博物馆
来自动物王国的标本 ★★★★★ 赏

✉ 云南省昆明市教场东路32号　乘 乘9、55、59、74、84、96、129、146路公共汽车可达　☎ 0871-5199680
￥80元　🕘 9:00—17:00

　　昆明动物博物馆是目前为止中国最大的动物专题博物馆。博物馆建筑面积7350平方米，其中展出面积约5100平方米，主要由科普馆、科研标本库、多功能学术报告厅组成。馆内展品主要为动物的姿态标本、骨骼标本、皮张标本、浸泡标本和生态景观等。博物馆陈列的著名标本，有恐龙、亚洲象、熊猫，还有斑马、虎、豹等一大批野生珍稀动物，昆明动物博物馆充分展现了云南"动物王国"的风采。

18

圆通寺
昆明市最大的寺院 ★★★★ 赏

📧 云南省昆明市五华区圆通街30号　🚌 乘4、59、74、83、101等路公共汽车可达　📞 0871-5193762　💴 8元
🕐 8:00—17:00

　　圆通寺是昆明市内最大的寺院，也是昆明市佛教协会的所在地，更是昆明重要的佛教文化圣地。它始建于唐朝，寺内殿宇巍峨，佛像庄严，林木苍翠，历史上许多文人墨客在此留下了著名诗篇。圆通寺有个特别之处就是，进入寺院越向里走，地势越低，因此它被看成我国罕见的"倒坡寺"。现在圆通寺经过大修，其风采依旧，除了具有寺庙的古朴、庄严以外，还像一座漂亮的江南水乡园林。

19

一颗印民居
云南古典的老房子 ★★★★ 赏

📧 云南省昆明市五华区东风西路吉祥巷18-19号
🚌 乘昆明市出租车可达　💴 15元

　　一颗印，是云南地区标准的土木结构房屋，它的正房有三间，左右各有两间耳房，前面临街一面是倒座，中间为住宅大门。四周房屋都是两层，天井围在中央，住宅外面都用高墙，很少开窗，整个外观方方正正，如一块印章，所以俗称为"一颗印"。一颗印民居是滇池地区最普遍、最温馨的平民住宅，但随着城市的改扩建，一颗印式的昆明古民居建筑，已经越来越少，因此一颗印民居在游客眼里就显得更加宝贵了。

⑳ 大观公园

万里云山一水楼

★★★★ 玩

云南省昆明市五华区大观路72号　乘4、22、54、52、100路公共汽车可达　0871-8242448
￥10元　8:00—18:00

大观公园，位于昆明市西郊，整座公园分成三大部分，分别是近华浦文物古迹景区、南园中西合璧园林景区和西园现代园林景区。园内的景观有涌月亭、凝碧堂、览胜阁、观稼堂等，其中最具观赏价值的是大观楼。大观楼，又称近华浦，是我国名楼之一，它始建于清康熙年间，为三层木结构建筑，因其面临滇池，远望西山，尽览湖光山色而得名，并被赞为"万里云山一水楼"。大观楼的门柱上有一巨幅长联，号称"古今第一长联"，它是由清代名士孙髯翁所作180字的长联，挂在大观楼前，不仅使大观楼显得更具文化内涵，而且其本身也成了游客眼中的一道风景。

㉑ 云南陆军讲武堂

革命的大熔炉 ★★★★★ 赏

　　云南陆军讲武堂是我国近代一所著名的军事院校，曾与天津讲武堂和奉天讲武堂并称三大讲武堂，后来甚至与黄埔军校齐名。现在云南陆军讲武堂还保留着原来的建筑，由东、西、南、北四座楼房组成。另外，还保留有当年的兵器库和练兵操场。云南陆军讲武堂在战争年代，培养了一大批将军、元帅，如朱德就是出自云南陆军讲武堂，而且他这样评价云南陆军讲武堂，称它是"革命熔炉"。

✉ 云南省昆明市五华区翠湖西路22号　🚍 乘101路公共汽车可达　📞 0871-5395952　￥ 15元
🕐 9:00—16:00

22 昆明东寺塔和西寺塔

昆明现存最古老的建筑之一

★★★★★ 赏

昆明东寺塔和西寺塔，距今已有1000多年的历史，是昆明现存最古老的建筑之一，东寺塔有13层，高40余米，西寺塔高35米，是一座四方形空心密檐式砖塔，两塔一西一东，遥遥相对，在现代化建筑的衬托下，更显得古朴苍劲。

"城南双塔高嵯峨，城北千山如涌波"，这是明初史谨描写昆明景色的两句诗。这"城南双塔"，即指昆明的东寺塔和西寺塔，这说明东寺塔和西寺塔在历史上就很出名。

✉ 云南省昆明市西山区书林街 🚌乘3、4、62、73、90、98、107路公共汽车可达 ☎ 0871-5172522 ¥15元

23 宝海公园

综合性的生活乐园 ★★★★ 玩

宝海公园面积16.67公顷，是目前昆明最大的城市公园，宝海公园最大的特色是，大量运用香樟、杜鹃等乡土植物造景，形成"花枝不断四时春"的绿色环境。现在公园东北角，建成公园花圃；西北面有秋千、沙地、浅水池等儿童游乐场；除此以外，公园还设有宝海健身中心、婚纱摄影基地等，宝海公园成了一个综合性的生活乐园。

✉ 昆明市官渡区宝海路121号　🚌 乘昆明市出租车可达
📞 0871-3513056　¥ 6元　🕐 全天

24 金刚塔

我国金刚宝座式塔中的典范 ★★★★ 赏

✉ 云南省昆明市官渡区　🚌 乘92路公共汽车可达　📞 0871-5015555　¥ 10元

金刚塔，也称穿心塔，位于昆明东郊的官渡古镇螺峰村，它是我国唯一一座全部用沙石砌成的宝塔。金刚塔形制之奇，建工之精，堪称我国金刚宝座式塔中的典范。

金刚塔的基台为方形，基台上有5座佛塔，中心的主塔为金刚宝座塔；主塔须弥座高2.7米，边长5.5米，总高16米，放眼望去，金刚塔主塔状似喇嘛塔；主塔四周的4座小塔，通高8.84米，主塔与4座小塔，参差不齐，错落有致，相映成趣，极为壮观。

金刚塔已经有500多年的历史，有着重要的历史文化和艺术价值，现在人们经过金刚塔的时候，都不由自主地驻足观望，称赞金刚塔是一件优美的艺术品。

25 昆明植物园

奇花异木的海洋 ★★★★ 赏

昆明植物园是一个集科研、科普、旅游和教学实习于一体的综合性植物园。植物园始建于1938年，占地面积44公顷。园内以引种云南名贵花卉、云南中草药、云南重要树木和云南珍稀濒危植物为主要内容，现已收集植物近4000种，另外还设有10个专类植物园，如茶花园、杜鹃园、树木园等，被誉为"南国植物宝库"，是中外植物学者和植物爱好者瞩目的地方。

📧 云南省昆明市五华区龙泉路610号　🚌 乘昆明市出租车可达　📞 0871-5223628　💰 25元　🕐 8:00—18:00

26 金马碧鸡坊 75分!

昆明的象征性标志

★★★★★ 赏

云南省昆明市三市街与金碧路交会处　乘乘3、4路公共汽车可达　¥20元

　　金马碧鸡坊是昆明的象征性标志，它建于明代，已有400多年的历史了，遗憾的是在"文革"时期，金马碧鸡坊遭到了极大的破坏，现在看到的是20世纪90年代按照原来的风貌修建的，修建后的金马碧鸡坊高12米、宽18米，雕梁画栋，精美绝伦。当然，金马碧鸡坊的惊人之处并不在于它历史悠久，也不在于它美观华丽，而在于它60年出现一次的"金碧交辉"的奇观。当太阳将落未落，余晖从西边照射碧鸡坊，它的倒影投到东面街上；同时，月亮从东方升起，银色的光芒从东边照射金马坊，将它的倒影投到西边街面上；两个牌坊的影子，渐移渐近，最后互相交接，这就是"金碧交辉"景象。"金碧交辉"景象的形成并不是偶然，而是金马碧鸡坊在建筑设计时所蕴含的智慧，因此把它作为昆明的象征性标志再合适不过了。

27 昆明关上公园

园中园的典范

★★★★ 玩

昆明关上公园是采用欧美童话风格与我国古典园林相结合的手法而进行布局的公园，公园内既有风景，如小运河、荷花池、杜鹃园、海棠园、紫薇园等，又有许多游玩休闲的设施，如游船码头、儿童乐园、茶室等。关上公园环境幽雅、一年四季风景如画，是昆明市民休闲、娱乐、观光的好去处。

云南省昆明市官渡区关景路 乘26、57、99、103、118路公共汽车可达 081-3828213 ¥10元

28 翠湖

素有"城中碧玉"之称 ★★★★★ 赏

云南省昆明市五华区翠湖南路67号 乘26、25、89路公共汽车可达 0871-5318808 ¥20元 全天

翠湖，原来也叫"菜海子"，它素有"城中碧玉"美誉，这是因为翠湖不仅湖水碧绿，清澈见底，而且荷花满湖飘香的缘故。近年在翠湖周围，还增置亭、台、回廊、曲桥等建筑，同时，在翠湖设置了许多游玩项目，翠湖成了水上乐园。值得一提的是，每年冬天有成千上万只北方飞来的红嘴鸥在翠湖越冬，嬉闹戏水，争抢食饵，给翠湖增添了无限的情趣。

29 真庆文化广场
昆明最大的古建筑群
★★★★ 逛

云南省昆明市中心拓东路与白塔路交叉口　乘 67路公共汽车可达　0871-3120972　¥20元

　　真庆文化广场，位于昆明市中心，占地21333平方米，广场上有昆明市现存占地面积最大的，也是保存明、清两代建筑较多、较完整的古建筑群，即真庆观古建筑群。真庆观古建筑群主要由真庆观、盐隆祠、都雷府三组古建筑组成，它对研究云南的建筑史、艺术史、宗教史及云南与中原文化交流史具有重要价值，近些年，也成为昆明的热门景点之一。

✿ 真庆观
道士的居所

　　真庆观，原来也叫"真武祠"，它始建于元代，为明代著名道士长春真人刘渊然谪滇时的居所。真庆观由前殿、紫微殿、老君殿等建筑物组成，三殿均坐北朝南，由南至北建在同一轴线上，非常宏伟气派，如今的整座建筑是近期恢复重建的，不但保留了原来明代建筑风格，还给人耳目一新的感觉。

✿ 都雷府
万古神风

　　都雷府，建于清康熙年间（1662—1722年），其建筑既有清代早期的建筑艺术特征，同时，也有地方建筑的特色。一进大门，便有一副木刻对联映入眼帘："愿天常生好人，愿人常行好事"，门楣前题"都雷府"，后题"万古神风"。

　　都雷府有一口古井，人们称它为八卦井，八卦井不仅井水甘洌，还充满神奇传说，这也给都雷府增添了不少神秘的色彩。

✿ 盐隆祠
豪华的祠堂

　　盐隆祠位于都雷府南面，建于清光绪年间（1875—1908年），由云南盐商集资兴建，盐隆祠现在保留有分戏台、前殿、两边厢房和大殿等建筑。另外，盐隆祠还刻有多幅壁画，尤以二十四孝图最为著名，画面栩栩如生，艺术价值极高。

30 云南古玩城

文物淘宝城

★★★★ 逛

云南古玩城，位于昆明市中心的护国桥旁，它是一幢仿古建筑，高四层，青砖黄瓦，飞檐翘角，雕梁画栋，古色古香，具有浓郁的古典文化氛围。古玩城内汇集了云南古老的艺术品，特别是来自偏远少数民族的手工艺品，一应俱全，并且物美价廉。在古玩城里，你会看到一只只形状古拙、色彩斑斓的花瓶，一尊尊金光灿灿、造型端庄的佛像，一枚枚锈迹斑斑的钱币等，每当周六、周日，古玩城人声鼎沸，热闹非凡，尤其是来自全国各地的许多收藏家前来此地淘宝。

✉ 云南省昆明市盘龙区护国路62、64号
🚌 乘昆明市出租车可达　　📞 0871-3182999
🕐 9:00—17:00

31 金殿名胜区

彰显历史文化特色的风景区

★★★★ 赏

金殿名胜区，位于昆明市北部，是云南省著名的风景名胜区。名胜区内的景点主要有金殿、魁星楼、钟楼、老君楼、近仙桥、吕真人洞路石碑等。其中又以金殿最为著名，金殿完全由铜浇铸而成，殿高6.7米，宽、深各6.2米，重约200吨，是中国最大的铜建筑。殿内的真武帝君、金童玉女、水火二将等，也都由铜浇铸而成，造型生动，精雕细刻。

✉ 云南省昆明市东郊　　🚌 乘60路公共汽车可达
📞 0871-5014229　　￥30元

大赏
云南

攻略HOW

云南

云南攻略 YUNNAN HOW

昆明市周边

　　昆明市周边，有7个县，1个市，如果说昆明市人文景观悠久，自然景区繁多，那么昆明市周边一点也不逊色，例如云南石林世界地质公园、轿子雪山、玉龙湾风景区等，这些景区与昆明市内景观遥相呼应，共同构成了昆明旅游大都市的地位。

昆明市周边 特别看点！

第1名！
石林！

100分！

★ 素有"天下第一奇观"、"石林博物馆"的美誉！

第2名！
惊魂峡！

90分！

★ 是目前国内所发现的最为壮观的地下大峡谷！

第3名！
轿子雪山！

75分！

★ 以高、险、峻、奇著称于世，被誉为"滇中第一山"！

---

1 安宁曹溪寺

历史悠久的古寺 ★★★★ 赏

　　安宁曹溪寺，位于安宁市西郊，它始建于宋代大理国时期，是具有宋代建筑风格的古寺，寺内有"西方三圣"和"华严三圣"等木雕像，非常珍贵。此外，寺内还有许多古迹珍品，最著名的是"三绝碑"，其中以明崇祯皇帝御笔"松风水月"四字石刻碑最具代表性。另外，寺内还有一株元代栽植的梅花，至今已有几百年的历史了，它是我国现存的11株古梅之一，在古梅的衬托下，古寺显得非常幽静。

✉ 云南省昆明市安宁市龙溪路　🚌 乘安宁市出租车可达　📞 0871-8631018　💴 5元

2 玉龙湾风景区

异彩纷呈的景区 ★★★★ 赏

云南省安宁市太平乡妥乐村　乘安宁市客运站班车可达　0871-3611817　￥20元
8:00—18:00

玉龙湾风景区，位于昆明安宁市太平乡妥乐村，其主要包括自然风景区、影视拍摄基地和东南亚民俗文化城。自然风景区依傍自然山水，以姹紫嫣红的春花、殷实累累的夏果、斑驳陆离的秋叶、云山雾罩的冬雾为特色，可以使游人尽享大自然的乐趣。具有浓厚的东南亚民族风情的文化城，集中展示了泰国、缅甸、老挝、越南等10个东南亚国家的民俗文化，使整个景区异彩纷呈，意趣盎然。

3 昆明青龙峡

素有"滇中第一漂"的美誉 ★★★★ 赏

昆明青龙峡，位于安宁市西北郊的青龙镇。目前昆明青龙峡分成了五个不同的游览景区，分别是青龙峡漂流游览区、青龙峡古箐探幽片区、青龙峡溪谷览胜片区、青龙峡彝寨风景区、青龙峡第五景区，五个景区景点众多，且各具特色，其中尤以具有"滇中第一漂"之称的青龙峡漂流，最受游人青睐。

云南省昆明市安宁市青龙镇　乘安宁市出租车可达　0871-8720884　￥10元

4 安宁温泉

素有"天下第一汤"之誉

★★★★★ 娱

安宁温泉，也称碧玉泉，坐落在安宁市玉泉山麓。安宁温泉历史悠久，早在明代，就被当时的文人杨慎誉为"天下第一汤"。安宁温泉有9处温泉出水口，且水流不断，水温40℃左右，安宁温泉含碳酸钙、镁、钾、氡等微量元素，宜浴宜饮，对皮肤病、风湿性关节炎和多种肠胃疾病均有疗效，许多游客慕名来这里沐温泉。如今，安宁温泉区内新建有民族风格的宾馆、设备完备的疗养院、大型商场等，安宁温泉成了休闲、度假的胜地。

✉ 云南省昆明安宁市升庵北路 🚌 乘昆明市西客运站班车可达

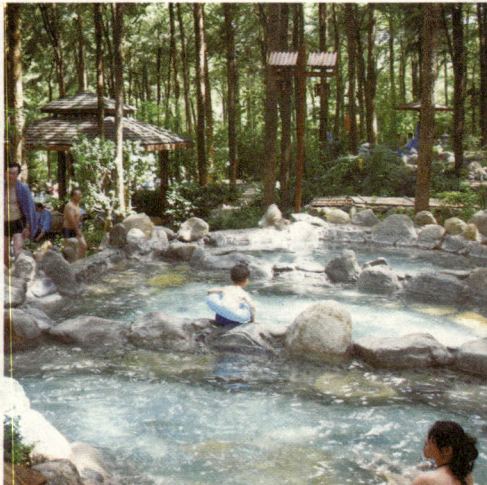

5 法华寺石窟

我国古代少数民族地区为数不多的石窟群

★★★★ 赏

建于宋代的法华寺，向来以石窟艺术名闻天下，然而今天法华寺已经毁坏，只留下岩壁上的石窟，见证着这里曾经的辉煌。法华寺石窟有多处，这些石窟是宋代大理国时期雕凿的，石窟里面供奉的是用石头雕刻的形态各异的石佛像，有罗汉，有菩萨，雕刻精致，栩栩如生，因此具有很高的艺术价值和文物价值。法华寺石窟作为我国古代少数民族地区为数不多的石窟群，非常宝贵，它以独特的魅力吸引着各地的游客、学者及考古学家前来参观、鉴赏。

✉ 云南省昆明市安宁市东郊 🚌 乘安宁市出租车可达 📞 0871-8686668
💰 10元 🕐 8:00—17:00

6 安宁文庙

孔子的纪念地

★★★★ 赏

安宁文庙，位于安宁市八街镇，它始建于1337年，为纯木结构建筑，安宁文庙多次被毁，现在的面貌是2002年修复的，新修的建筑主要有大山门、青云楼、大成门、大成殿、棂星门等，并仿造原文庙中孔子及七十二弟子的塑像置于庙内。安宁文庙内有一株古老的金桂花树，树龄高达300多年，现在依然枝繁叶茂，遮天蔽日，它为安宁文庙增加了自然和历史色彩。

云南省昆明市安宁市八街镇　乘 从安宁市包车可达　¥ 25元　🕐 全天

7 石林 （100分！）

天下第一奇观

★★★★★ 赏

石林是世界上唯一位于亚热带高原地区的喀斯特地貌风景区，素有"天下第一奇观"和"石林博物馆"的美誉，并与北京故宫、西安兵马俑、桂林山水齐名，成为中国四大旅游胜地之一。公园以石林地貌景观为主，石林形态类型主要有剑状、塔状、蘑菇状及不规则柱状。远远望去，这些石柱群，就像是树林，人们望物生义称之为"石林"。

云南省昆明市石林彝族自治县　乘 乘昆明市出租车可达　📞 0871-5383778　¥ 60元

8 月湖

形似弯月的湖泊

★★★★★ 赏

📧 云南省昆明市石林彝族自治县跃宝山村 🚌 乘坐54路公共汽车可达 💰30元

月湖，位于昆明市石林彝族自治县，因形似弯月而得名。月湖海拔1906米，周长12公里，水面面积3平方公里，由大小不同的湖泊群组成。月湖湖畔有许多千姿百态的石林，石林倒映湖中，犹如一幅美丽的画卷。

9 圭山国家森林公园

生态旅游公园

★★★★ 赏

📧 云南省昆明市石林彝族自治县石林镇 🚌 从昆明市包车可达 📞 087-7796853 💰40元 🕐 8:00—18:00

圭山，位于昆明市石林彝族自治县，因山峦形若大海龟隆起的背部而得名"老龟山"，后改译音为老圭山，圭山海拔2601米，南北长14公里，宽10公里，圭山上林海莽莽，郁郁葱葱，2000年圭山被开辟成国家级森林公园，即圭山国家森林公园。圭山国家森林公园，不仅有多样性的森林植被、多种野生动物，而且有独特的民族文化、浓郁的民族风情和宗教文化，是现代人休闲度假和生态旅游的理想去处。

10 奇风洞
会呼吸的洞 ★★★★★ 赏

　　奇风洞不以钟乳石的怪异出名，而是因其会像人一样呼吸而引人注目，故也称为"会呼吸的洞"。奇风洞的奇特之处是在有风时，当风吹来，洞内有隆隆的流水声；风大时，有人把柴枝放在洞前点燃，只见洞中吹出的风把火苗浓烟吹向天空，持续两分钟后，火势渐弱，暂停十多分钟后，洞口火苗浓烟突然被吞进洞中，这样一吹一吸，循环往复，就像一个高明的魔术师在玩七窍喷火的魔术，十分奇妙。

📧 云南省昆明市石林彝族自治县　🚌 乘昆明市客运站旅游专线可达　💴 15元

11 轿子雪山　75分!
滇中第一山 ★★★★★ 赏

　　轿子雪山，位于昆明市禄劝彝族苗族自治县乌蒙乡，因山体形似轿子而得名，轿子雪山以其高、险、峻、奇而被誉为"滇中第一山"。身临轿子雪山中，路间枯枝横陈，道旁藤蔓牵衣，岩上古树垂萝，林中繁花竞放，枝头珍禽和鸣，草甸异兽出没。更绝妙的是自山脚至山顶，景致如画、层次分明，山脚落英缤纷，山腰似火如霞，山顶含苞欲放，令人心醉神迷。

📧 云南省昆明市禄劝彝族苗族自治县乌蒙乡　🚌 乘昆明市西客站班车可达
📞 0871-3547588　💴 30元
🕐 8:00—18:00

12 芝云洞

仙迹胜景

★★★★ 赏

芝云洞洞长400米，宽10米左右，高约15米，呈"丫"形，洞内多石钟乳、石笋、石柱等溶洞景观，形态多样，异彩纷呈，更妙的是这些石钟乳击之有声，有的清脆悦耳，有的洪亮悠远，有的雄浑辽阔。从洞口到洞尾，共20多个主要景点，例如灵芝仙草、玉象撑天、倒挂金鸡、葡萄满园、云中坐佛、礼貌洞、钻山骆驼、双狮恋、悟空取宝、东西龙宫、蛟龙升腾、千年玉树、太白金星、神牛寻母、水帘洞、龙虎斗、寿星摘桃、水漫金山寺等，难怪芝云洞被称为"仙迹胜景"。

📮云南省昆明市石林彝族自治县 🚍乘昆明市客运站班车可达 💴30元

13 岩泉风景名胜区

以岩涌山泉著称的景区

★★★★ 赏

岩泉风景名胜区，位于昆明市宜良县，面积12平方公里，景区内有岩泉涑玉、宝刹重辉、古洞觅仙、摩崖石刻、明茶新艳等八大景点。除了这八大景点外，景区内还有岩泉禅寺，寺里的亭台楼阁金碧辉煌，绕寺周围有茶花园、桂花园和杜鹃花园等滇中名花卉园，被誉为"小坐花阴藤上小，吟诗留于老龙听"的名胜地。

岩泉风景名胜区还有许多名贵的古木，如黄连木、清香木等，这些古木的树龄大多在300多年，这在云南乃至全国都很罕见。

📮云南省昆明市宜良县西山营村 🚍乘昆明市客运站班车可达 📞0871-7594444 💴20元 🕐全天

14 小白龙森林公园

现代化的森林公园

★★★★ 赏

小白龙森林公园，位于昆明宜良县城以西10公里处，是一个新开发的大型综合性森林风景区。

公园以森林自然风光为主体景观，并仿造了全国56个民族的民居，这些民居体现民族特色、森林特色、地方特色，成为公园最大的亮点。现在小白龙森林公园还建有歌舞厅、网球场、游泳池、狩猎场、餐饮部、疗养院等，是集体春游或举办夏令营的好去处。

📮云南省昆明市宜良县汤池镇 🚍从昆明市包车可达 📞0871-7696229 💴15元 🕐8:00—18:00

15 九乡风景区

"溶洞博物馆" ★★★★★ 赏

九乡风景区，位于昆明市宜良县九乡彝族回族乡，它是以溶洞景观为主体，与洞外自然风光、人文景观、民族风情融为一体的综合性风景名胜区。九乡风景区，有上百座大小溶洞，为国内规模最大、数量最多、溶洞景观最奇特的洞穴群落体系，被专家们誉为"溶洞博物馆"。

除此以外，九乡风景区还有许多著名的景点，例如荫翠峡、惊魂峡、卧龙洞、蝙蝠洞、仙人洞、三脚洞、雄狮厅、神田等。

📧 云南省昆明市宜良县九乡彝族回族乡 🚌 乘昆明市客运站班车可达 📞 0871-7511998
💴 50元 🕐 8:00—18:00

惊魂峡 90分!

令人惊心动魄的峡谷

惊魂峡是目前国内所发现的最为壮观的地下大峡谷，峡长700米，峡中最窄处仅3米宽，峡底到洞顶将近百米，游人走过无不感到惊心动魄，因此得名惊魂峡。惊魂峡的形成是由河床不断下切而劈出，当年开辟游路，人们攀洞壁而入，稍有不慎，便会掉进深渊，那情境惊险异常，令人魂飞心惧。为了纪念这段开辟的艰险经历，所以取名惊魂峡。

三脚洞

鬼斧神工的杰作

三脚洞全长2.7公里，最宽处70余米，最高处30余米，三脚洞内景观疏朗硕大，有天然七彩钟乳，还有暗河流水形成的小溪，而最奇特的是洞口的天然立交桥造型，此造型整体为一座山丘，名叫金鼎山，金鼎山构成了三脚洞的山门和大厅，近观非常气派。

16 禄劝秘乐谷丹霞旅游区
色彩斑斓的丹霞地貌 ★★★★★ 赏

云南省昆明市禄劝彝族苗族自治县双化乡 乘昆明市客运站旅游专线可达
0871-2924962 ¥25元

禄劝秘乐谷丹霞旅游区，位于昆明市禄劝彝族苗族自治县双化乡，它以丹霞地貌为特色，以一山（火期山）、一水（秘乐河）、一谷（秘乐谷）、一村（坎凳大村）、一镇（撒营盘镇）为依托，把自然风光与人文景观完美结合在一起，形成了极其少见的景观。在秘乐谷丹霞旅游区，可以欣赏雄伟壮观的丹霞地貌，可以感受少数民族的风情民俗，可以享受幽静甜美的度假、休闲时光。

✿ 秘乐谷
神态万千的丹霞风光

秘乐谷发源于火山期，为中生代紫红色岩系地层，极易风化，加之降水和生物的作用，对这种可塑性极强的红色沙体淋溶侵蚀，鬼斧神工地造就了这里神态万千的丹霞地貌；秘乐谷以自然色彩凝重的丹霞风光为主，间有岩洞、水体、植物等景点，非常有特色，尤其是秘乐谷两侧的山地上，生长着滇中高原保留不多的半湿润常绿叶林，与丹霞地貌红绿掩映，相得益彰，构成这里幽谷森森、重峦叠嶂、丹山碧水、绿树红崖的旖旎风光。

阳宗海，距昆明36公里，为高原断陷湖泊，湖面如一只巨履，两头宽，中部略窄，海拔1770米，南北长约12公里，东西宽约3公里，湖面积30平方公里，平均水深22米，湖底凹凸不平，有岩洞暗礁。阳宗海，碧波粼粼，湖水清澈，景色秀丽。沿湖岩壑嶙峋，陡绝峻美，无与伦比，难怪近年来这里旅游、观光、度假的人越来越多。

云南省昆明市宜良县 乘昆明市西客运站班车可达 0871-7671688
¥15元 8:00—20:00

17 阳宗海
高原断陷湖泊 ★★★★★ 赏

阳宗海海滨游乐场

水上乐园

　　阳宗海海滨游乐场，是云南第一个省级旅游度假区内首家对外开放的新兴旅游景点，也是一个以水上游乐项目为主体的大型综合游乐园，目前建有水陆空游乐项目40多个，其中的水上飞机、水上跳伞、水上快艇、水上摩托、帆船为西南三省独有，每年举办各种大型文体娱乐活动，其中"山歌节"、"泼水节"、"龙舟赛"吸引数万人参加，影响范围广大。

18 斗南花市

云南花卉生产基地　★★★★★ 逛

　　斗南花市，是昆明市重要的花卉生产基地，同时也是鲜花交易中心，2001年被上海大世界吉尼斯之最评为"全国最大鲜花交易市场"。目前斗南花卉建成交易大厅、玫瑰交易厅、车花交易厅、精品花交易区等，上市花卉达60个大类、300多个品种，各种香水百合、玫瑰、勿忘我、康乃馨、蝴蝶兰、香石兰、非洲菊、满天星等还有许多闻所未闻的奇花异草，万紫千红，芬芳醉人，斗南花市真是名副其实的"花海"。现在斗南四季不断的"花潮"，引得各旅行社纷纷开出"花乡之旅"，除了纷至沓来的中外游客外，昆明市民也将这里当成假日休闲度假的好去处，在这里看花买花、徜徉花田、品尝鲜花宴，别有一番情调。

云南省昆明市呈贡区　乘昆明市客运站班车可达　0871-7496709
04:00—00:00

19 清水海
高原上的喀斯特湖 ★★★★★ 赏

云南省昆明市寻甸回族彝族自治县仁德镇　乘昆明市客运站旅游专线可达　0871-2731069　¥30元

　　清水海以"水深碧，虽时雨后涨不能浊其清"而得名。清水海为高原断陷喀斯特湖，湖呈长椭圆形，湖畔花红柳绿，风光秀丽，每天都有许多人在湖边散步。目前清水海还成了虹鳟鱼的养殖基地，到清水海吃新鲜虹鳟鱼已成为昆明人的一种时尚。

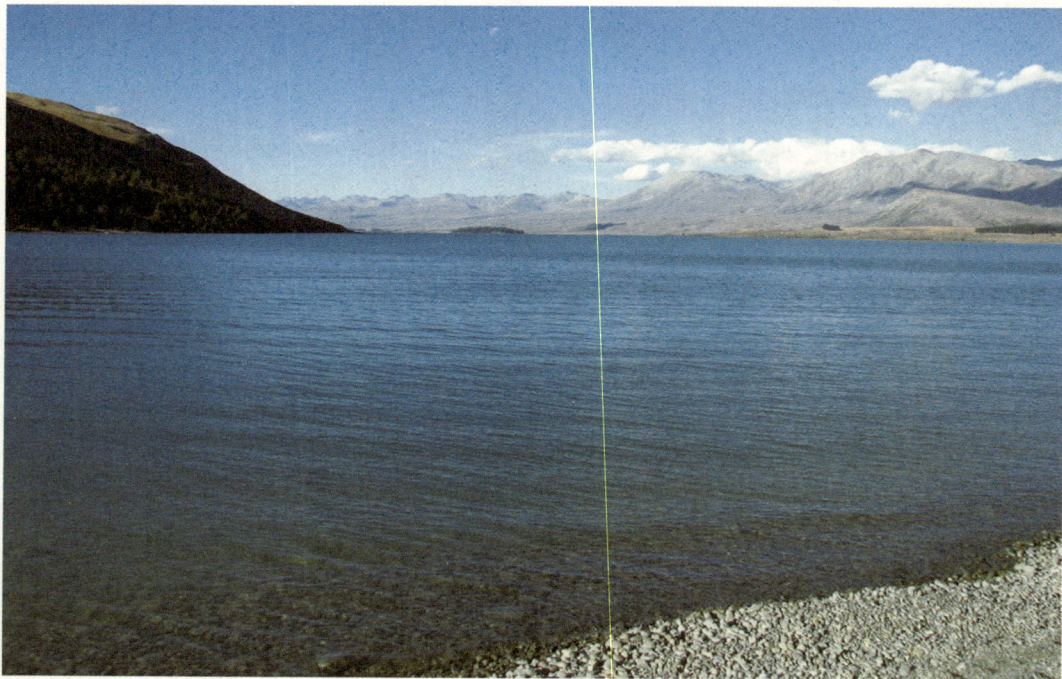

20 石板河旅游景区
"赏"与"玩"的天地 ★★★★ 赏

昆明市寻甸回族彝族自治县仁德镇翠苑路22号　乘昆明市出租车可达　0871-8721266　¥50元　8:00—18:00

　　石板河旅游景区，位于寻甸回族彝族自治县仁德镇，以山清、水秀、林密、清凉而闻名，在全长4公里的景区中，植被丰茂、绝壁高耸、怪石嶙峋、花香四季、瀑布成群，除了欣赏这些美景外，游人还可以溯溪、泡冷泉、滑水等，石板河旅游景区成了一片"赏"与"玩"的天地。

21 小江
"泥石流"汇集的江河
★★★★ 赏

　　小江，是金沙江南岸支流，全长138.2公里，两岸悬崖陡峭，水流落差较大。由于小江两岸岩层结构松散，加之河谷两岸植被稀疏，因而这里极容易形成规模巨大的泥石流。每当洪水季节，泥石流来势凶猛，大大小小的石头被淤泥夹带着，伴随着粗粗细细的残枝断根形成了一条巨大的泥和石的混合而成的"河流"，非常壮观。

✉ 云南省昆明市东川区　乘 乘昆明市客运站旅游专线可达

22 长湖
藏在深山中的湖泊
★★★★★ 赏

　　长湖湖长约3公里，宽仅300米，湖面呈长形，所以取名长湖。又因长湖深藏重山密林之中，许多人又称它"藏湖"。传说长湖是阿诗玛的故乡，而且电影《阿诗玛》中的许多镜头便是在这里拍摄的。现在来到长湖，不仅可以欣赏长湖的自然美景，而且还可以乘竹排在长湖漂流，或者垂钓。

✉ 云南省昆明市石林彝族自治县维则乡维则村　乘 乘昆明市客运站班车可达　☎ 0871-7734210　¥ 30元

大赏
云南
赏
南

攻略HOW

云南

云南攻略

YUNNAN HOW

昭通市

　　昭通市，位于云南省东北部，辖1个市辖区、10个县；在昭通市这块古朴神奇的土地上，历史文化源远流长，它曾是云南通向川黔两省的重要门户，也是中原文化进入云南的重要通道，为我国著名的"南丝绸之路"的要冲，素有"锁钥南滇，咽喉西蜀"之称。

昭通市 特别看点！

第1名！
天台山溶洞！

100分！

★ 具有宏、美、宽、多等特点，被誉为"西南第一洞"！

第2名！
天星国家森林公园！

90分！

★ 是杉木的王国，素有"百里林海"的美誉！

第3名！
昭通药山！

75分！

★ 药用植物盛产之山！

---

1 望海楼

历史悠久的楼阁　　★★★★★ 赏

📍 云南省昭通市昭阳区　🚌 乘昭通市出租车可达　💴 15元

　　望海楼，位于昭通市南郊，始建于清乾隆年间（1736—1795年），是一座三层楼阁。望海楼虽不高，但四周有山有水，风景极其秀丽，登上望海楼，四周风景一目了然。望海楼于咸丰年间（1851—1861年）曾毁于战火，后来重建后的望海楼，保留了原有的建筑风格，并且增加了许多新建筑，如在楼前增设屋宇，添置回廊，护以围墙，至此望海楼又成为山色清幽、花木成荫、小桥流水、蔚为大观的楼阁。

　　望海楼不但是昭通的一处胜景，也是中共昭通地下党早期革命活动的纪念地，1929年年初，中共昭通地下党的同志就以郊游为名，到望海楼进行组织工作，此后，望海楼成了党的活动基地。

2 清官亭公园

苏州园林式的公园

★★★★★ 玩

　　清官亭公园，原来也叫三多塘，它位于昭通市内，是为纪念当时的县令王禹甸为官清正廉明、为民兴利的政绩而建的公园。公园始建于清嘉庆十四年（1809年），整个公园面积虽然不大，但是具有苏州园林的风格，园中有许多景点，具有代表性的当数水上楼台——清官亭。现在园内还建起许多园中园，如盆景园、哈哈镜园等。阳春三月，漫游园中，满园春色，风景宜人，令人流连忘返。

📧 云南省昭通市昭阳区　🚌 乘昭通市出租车可达　📞 0870-2122358　💰 50元
🕐 8:00—18:30

3 大山包生态旅游区

生态完美的净土 ★★★★ 赏

大山包生态旅游区,位于昭通市昭阳区西部的大山包乡,它是一个生态保护完好的旅游区,当地有句谚语这样形容大山包生态旅游区:"不到大山包,白来昭阳走一遭"。大山包生态旅游区内有山水、湿地、草场、湖瀑、珍禽,是集观光、摄影、科考、探险于一体的生态旅游度假。大山包生态旅游区还是云贵高原上最大的黑颈鹤种群越冬地,美丽、空旷、辽远的大山包生态旅游区,因为有了黑颈鹤,所以变得更加令人神往。

📧 云南省昭通市昭阳区大山包乡 🚌 乘昭通市出租车可达 📞 0870 - 2832616 ¥30元
🕐 8:00—18:00

4 豆沙关风景名胜区

滇东著名游览胜地 ★★★★★ 赏

　　豆沙关风景名胜区，位于盐津县城西南部，它由四个景区组成，分别是豆沙关、三股水、莲花洞、大黎山。四个景区共有60多个小景点。例如"五尺道"遗迹、唐碑亭、古驿道豆沙关、老黎山岭、圆丘乳峰等。作为滇东著名的旅游胜地，豆沙关风景名胜区满山遍野的名贵花卉，处处是参天古木，身临其中，犹如进入仙境。

📧 云南省昭通市盐津县　🚌 乘昭通市客运站旅游专线可达　💴 50元

5 大龙洞

奇妙的"龙洞吸月" ★★★★ 赏

📧 云南省云南省昭通市永善县　🚌 乘昭通市出租车可达　💴 30元

　　大龙洞，位于昭通市西北郊的九龙山上，洞内钟乳石倒悬，千姿百态，非常壮观。大龙洞的奇特之处并不在于它那千奇百怪的钟乳石，而是名为"龙洞吸月"，或"龙泉映月"的景象。每逢农历八月十五，当明月升空后，天上的月亮就会倒映在龙泉之内，龙泉中的明月又会反映在洞内岩上，"三个月亮"相映成趣，形成独特的自然景观，人称"龙洞吸月"或"龙泉映月"。现在每年二月初八，昭通市民还要在此地举行"耍龙洞"的传统节庆活动。

6 袁滋题记摩崖石刻

悬崖峭壁上的石刻 ★★★★ 赏

　　袁滋题记摩崖石刻，位于云南省昭通市盐津县西南15公里的豆沙关，这里地势险要，左下为绝壁，隔朱提江与右面的危岩相对峙，像两扇巨大石门，扼锁通道，是咽喉之地，隋、唐时称为"石门关"。袁滋题记摩崖石刻的内容与新、旧《唐书》、《蛮书》、《资治通鉴》等书记载相同，碑刻记载唐与南诏友好关系的史实，是民族团结的象征，也是研究唐与南诏的重要实物资料。

✉ 云南省昭通市盐津县　🚍 从盐津县包车可达　¥ 25元

7 跳墩河

高原淡水湖泊 ★★★★ 赏

　　跳墩河，名为"河"，其实只是一个高原淡水湖泊，它还有一个美丽的名字，叫仙鹤湖，这主要源于许多的黑颈鹤常歇息在跳墩河畔的沼泽湿地边。游人这样评价跳墩河："没有到跳墩河边走一走，那你就不算真正到过大山包"。的确，跳墩河的那种生态美，近年吸引了无数摄影家、画家、文学家到此以不同的方式刻画、描述、表达它的那种生态美。

✉ 云南省昭通市昭阳区大山包乡　🚍 乘昭通市出租车可达
📞 0870-2121765

8 小山峡风景区
可以与"桂林山水"相媲美的景区 ★★★★ 赏

云南省昭通市镇雄县中屯乡　乘昭通市客运站旅游专线可达　¥45元　全天

　　小山峡风景区是一个适合开展生态旅游的地方，也是探险家向往的理想之地，这里曲折幽深，雄、险、奇、秀皆俱，身临其中，仿佛误入仙境，许多游人甚至认为它可以与"桂林山水"相媲美。小山峡风景区最奇特的是它把山、水、峡、溶洞融为一体，相互映衬，从而勾勒出一幅优美的画卷。值得细细观赏的是小山峡风景区的溶洞景观，这里溶洞很多，其中以躲军洞和回波洞最为著名，洞内景色迷人，由钟乳石幻化而成的孔雀开屏、群龙朝拜、雄狮回洞等景致，美不胜收，令人遐想。

9 小草坝风景区
无与伦比的自然杰作 ★★★★ 赏

云南省昭通市彝良县
乘昭通市长途客运站旅游专线可达
0870-5124034
¥15元

　　小草坝风景区，位于昭通市彝良县，地跨彝良、盐津、大关三县，是度假、旅游、观光、休闲的理想去处。小草坝风景区可谓大自然的杰作，景区内有原始森林、河流、奇峰、溪涧、瀑布、叠水、池塘、石林景观，在这里春可赏花，夏可观瀑，秋可采红叶，冬可踏雪。

　　来到小草坝风景区，还可以体验苗、彝等少数民族的风情，穿戴他们的服饰，欣赏他们的舞蹈。每年正月初二至初七是苗族的花山节，六月廿四是彝族的火把节。每年到这些节庆的时候，小草坝风景区就更加热闹了。

10 码口溶洞群

典型的溶洞景观

★★★★ 赏

码口溶洞群，位于昭通市永善县码口乡，由多个溶洞和洞穴组成，溶洞与洞穴并存，水洞与旱洞交融，幽深奇长，神奇迷人，是码口溶洞群的特点。码口溶洞群中最著名的有牛郎洞、织女洞、碧莲洞、大小龙洞、龙宫洞。牛郎洞内有钟乳石形成的"森林公园"，有的高大茂密，有的从顶端垂悬而下，有的似千年古树，有的如盘旋蛟龙，形态各异，十分壮观。织女洞也不逊色，洞内景观别致，气势磅礴，游览织女洞，就仿佛是在游览中国古代的"地下长城"，令人惊叹。

✉ 云南省昭通市永善县码口乡　🚌 乘昭通市客运站旅游专线可达　¥80元　🕐 8:00—18:00

11 天星国家森林公园　（90分!）

杉木的王国

★★★★★ 赏

天星国家森林公园，位于昭通市威信县北部，它被称为"杉木的王国"，素有"百里林海"的美誉。公园内除了郁郁葱葱的杉木，还有2000多株被称为活化石植物的树蕨。天星国家森林公园景点繁多，主要集中在天星、八字山两个林区内，如百亩竹苑、茶园风情、神龙壁泉、迎客亭、植物园、动物园等。现在天星国家森林公园成了集科考、观光、度假、休闲于一体的旅游胜地。

✉ 云南省昭通市威信县　🚌 乘昭通市客运站旅游专线可达　¥25元　🕐 8:00—18:00

12 天台山溶洞

(100分!)

素有"西南第一洞"之称 ★★★★★ 赏

天台山溶洞，位于昭通市威信县麟凤乡南3公里毕坝公路边老鹰岩上，素有"西南第一洞"之称。天台山溶洞洞口在天台山山腰，洞内石乳、石柱、石笋比比皆是，有的呈站立式，有的呈侧挂式，还有的呈悬垂式，可以用宏、美、宽、多来形容。天台山溶洞上方悬崖壁立，绿藤垂挂；天台山溶洞下，田畴如画，天台山溶洞挂在其间，既奇特，又神秘。

✉ 云南省昭通市威信县麟凤乡　乘 乘昭通市客运站旅游专线可达　¥ 70元

13 观斗山

云南规模最大的宗教石雕山 ★★★★ 赏

✉ 云南省昭通市威信县高田乡新华村　乘 乘昭通市客运站旅游专线可达　☎ 0870-2122835　¥ 50元

观斗山，位于昭通市威信县东北部，因平西王吴三桂到此观星斗而得名。观斗山海拔1880米，山势雄伟，林木繁茂。观斗山最著名的就是石雕，山上有云南规模最大的宗教石雕群，这些石雕群，造型别致，工艺精湛，具有很高的艺术价值和观赏价值。

❀ 观斗山寺庙

石雕艺术的宝库

观斗山上有十多座寺庙，著名的有昆仑山寺庙、小西天寺庙、神速林山寺庙，这些寺庙，始建于明代，其最大的亮点就是石雕，石雕规模之大、技术之精，在整个云南省内都很罕见，许多游人称观斗山寺庙为石雕艺术的宝库。

14 莲花洞

奇特的钟乳石景观

★★★★ 赏

莲花洞，位于昭通市盐津县的白水江畔，之所以称莲花洞，是因为莲花洞内有一巨大的玉莲状钟乳石悬于石壁，非常壮观。莲花洞深800多米，可容百人进入。洞内石钟乳密布，并形成多种奇观，如有"龙宫宝殿"、"玉石金盆"、"犀牛望月"、"双山锁月"、"观景厅"等，每个进入洞内游览的游客，无不拍手称奇。

✉ 云南省昭通市盐津县　乘 乘昭通市客运站旅游专线可达　☎ 0870-2122835
¥ 50元　🕐 8:00—23:00

15 扎西会址

红军长征的纪念地

★★★★ 赏

✉ 云南省昭通市威信县扎西镇　乘 从威信县包车可达　☎ 0870-6124704　¥ 15元
🕐 8:00—17:00

扎西会址，位于昭通市威信县扎西镇，它是1935年2月中央红军长征路上在此召开的中央政治局扩大会议会址。由于这次会议极其重要，所以扎西会址成了红军长征的纪念地。现在原址已修复，会址还按原样陈列。扎西会址附近还设有扎西会议纪念馆，馆内有多年来征集到的珍贵革命历史文物；纪念馆前巍然矗立着红军纪念碑。现在这里已经成了昭通市爱国主义教育基地。

16 铜锣坝国家森林公园

集雄、奇、险、幽、秀于一体的公园 ★★★★ 赏

　　铜锣坝国家森林公园，位于昭通市水富县，它是滇东北保留较完好的亚热带长绿阔叶林区。公园内景点较多，有5条溪流、18个小盆地、7个小湖和数十条瀑布。最著名的景点要数园内的鸽子谷，鸽子谷中上千亩珙桐集中排列，花开之时，像千万只白鸽林间起舞，每当这时许多摄影爱好者、画家纷纷云集于此，勾勒鸽子谷的胜景。另外，园内还有象鼻树、茶山岭、杜鹃林，阳春三月，园内一片葱绿，一片绚烂，令人陶醉。

📧 云南省昭通市水富县太平乡　🚌 乘昭通市长途客运站旅游专线可达
📞 0870-8637368　💴 25元

17 孟孝琚碑

古汉碑第一 ★★★★ 赏

　　孟孝琚碑被誉为"滇南瑰宝"、"稀世之珍"、"古汉碑第一"，它被放置在昭通第三中学内，孟孝琚碑出土于清光绪年间。现存孟孝琚碑，高1.33米，宽0.96米，共15行，每行残存21字，碑文为方笔隶书，打破了"北方南圆"的说法，该碑具有巨大的艺术价值和考古价值，现在已被列为国家级保护文物。

📧 云南省昭通市昭阳区
🚌 乘昭通市出租车可达
📞 0870-2135524

18 砚池山水库

原生态的水库景区

★★★★ 赏

砚池山水库，位于昭通市鲁甸县城南郊，它不仅是一座灌溉用的水库，更是一片游玩的水域。砚池山水库水域面积83.3公顷，水质好、无污染，是游泳、泛舟、垂钓的好场所。

目前砚池山水库修建了休息台、凉棚等设施，并配有各类游艇，供游人游玩，砚池山水库逐步形成了集度假、休闲、娱乐于一体的旅游区。

📮云南省昭通市鲁甸县 🚌乘昭通市长途客运站旅游专线可达 📞0870-8121772 💴20元

19 拖姑清真寺

历史悠久的寺庙 ★★★★ 赏

📮云南省昭通市鲁甸县回族乡拖姑村
🚌乘昭通市客运站旅游专线可达 💴10元

拖姑清真寺，位于昭通市鲁甸县城东部，它始建于清雍正八年（1730年），占地面积4000平方米，全寺由正殿、唤醒楼、无倦堂、后亭、厢房、水房、照壁等组成，该寺以其建筑工艺独特、历史悠久而闻名当地。拖姑清真寺四周被良田环绕，来到这里还可以欣赏原生态的田园风光。

⑳ 昭通药山

药用植物盛产之山

75分！

★★★★★

赏

　　昭通药山，位于昭通市巧家县，之所以称它为药山，是因为它是药用植物盛产之山，昭通药山盛产的著名野生药材有柴胡、党参、贝母、天麻、虫草、黄连等，因此昭通药山在中药市场素享盛名。

　　昭通药山山体面积220平方公里，海拔4042米，整个药山被以乌蒙冷杉为主的针叶林和以高山栎为主的常绿阔叶林构成的原始森林覆盖，林间除了有野生药材以外，还有许多的珍稀动物。来昭通药山旅游的客人，总会有这样的感受，一日之行，可以感受春之温煦，夏之火热，秋风之苍凉，冬雪之圣洁。

✉云南省昭通市巧家县　🚍乘昭通市客运站班车可达　📞0870-7442026　¥35元

21 黄连河风景区

多功能风景名胜区 ★★★★★ 赏

✉ 云南省昭通市大关县翠华镇 🚍 乘昭通市客运站旅游专线可达 📞 0870-5629999 💴 80元 🕐 9:00—17:00

　　黄连河风景区，位于昭通市大关县，它是一个具有自然风光和人文景观的风景区，也是一个具有各种娱乐活动的风景区。黄连河风景区分为四个景区，分别是黄连河景区、上高桥景区、云台游览线、罗汉坝景区。四个景区内的著名景点有白象洞、水帘长廊、水上舞台、明清古道、东汉岩墓、老空湾云海等，罗汉坝景区目前还在开发当中，没有对游客开放。黄连河风景区内设置的娱乐项目较多，有儿童乐园、攀岩、大滑板等，它现已成为一个集旅游观光、休养度假、登山攀崖、科学考察于一体的旅游风景区。

22 西部大峡谷温泉

目前我国最大的天然生态露天温泉浴场

★★★★★ 娱

西部大峡谷温泉，位于昭通市水富县，它是目前我国最大的天然生态露天温泉浴场，被誉为川、滇及大西南旅游线上的一颗耀眼明珠。西部大峡谷温泉景区内，有30多个各种规格、各种特色浴池，像药物池、牛奶池、咖啡池、花瓣池、套醋池等，这些浴池具有不同的保健攻效。现在西部大峡谷温泉修建了许多旅游配套设施，如健身馆、会议厅、茶室等，形成了以温泉沐浴为主，集休闲、度假、娱乐、会议于一体的综合性旅游区。

✉ 云南省昭通市水富县　🚌 乘水富县出租车可达　¥ 168元

23 罗炳辉将军纪念馆

爱国主义教育基地

★★★★ 赏

✉ 云南省昭通市彝良县　🚌 乘昭通市客运站旅游专线可达　📞 0870-5120544　🕐 9:00—17:00

罗炳辉将军纪念馆，位于昭通市彝良县城西侧的将军山上，它建于1991年，纪念馆分三层，建筑面积500平方米，共分四部分展示了罗炳辉将军生前事迹，每个部分配有资料和图片，现在纪念馆被辟为全国爱国主义和国防主义教育基地。

云南

攻略 HOW

云南攻略

YUNNAN HOW

曲靖市

　　曲靖市，位于云南省东部，辖1个市辖区、7个县，代管1个县级市，是仅次于昆明的云南第二大城市，曲靖还是我国南方第一大河——珠江的发源地，曲靖也因此得名珠江源头第一城；曲靖市人文古迹众多，自然景观幽美，民风古朴，是西南著名的旅游胜地。

曲靖市 特别看点！

第1名！
九龙瀑布！

100分！

★ 中国最大的瀑布群景观！

第2名！
陆良彩色沙林！

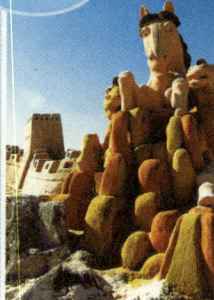

90分！

★ 我国著名的地质旅游景观，素有彩色沙林之称！

第3名！
会泽以礼河！

75分！

★ 两岸奇峰罗列，景色绮丽，宛如一幅山水画卷！

1 麒麟公园

亭台楼阁赛苏杭　★★★★★ 玩

✉ 云南省曲靖市中心　🚌 乘曲靖市出租车可达
¥ 15元　🕐 7:00—19:00

麒麟公园，位于曲靖市中心，素有"湖光山色最奇秀，亭台楼阁赛苏杭"的美称。

麒麟公园建于1983年，正门高大雄伟，气宇轩昂，富有民族特色；园内亭、台、楼、榭等建筑古色古香，布局精巧雅致，充满魅力。

2 花山湖

珠江源头上的湖泊

★★★★ 赏

花山湖是一个人工湖，湖面宽广，碧波荡漾，湖中岛屿众多，群鸟云集是花山湖的特点。花山湖，山盘着水，水绕着山，景色十分优美，仿佛是珠江源头的一颗璀璨明珠。来到花山湖的小岛上，花山湖的湖光山水景色尽收眼底，东可见蜿蜒的滇黔公路，西可观伸展的贵昆铁路，而湖的南面就是夹在两山之间的宏伟的大坝，正是这座大坝挡住了滔滔洪水，使这片高原形成美丽的湖泊，同时让下游上千亩荒凉的坝子变成了"鱼米之乡"。

📧云南省曲靖市 🚌乘曲靖市出租车可达 ¥20元

3 会泽大地缝

天然地质奇观 ★★★★★ 赏

会泽大地缝，位于曲靖市会泽县，大地缝长10余公里，最宽处20余米，最窄处仅1.4米，是上亿年地壳的升降运动而形成的。整个地缝曲径通幽，高深莫测，观赏过会泽大地缝奇观的游人，总会用五个字形容它："奇、险、幽、深、秀"。

📧云南省曲靖市会泽县 🚌从会泽县包车可达 ¥10元

4 马龙天生桥

一座自然形成的桥

★★★★ 赏

　　马龙天生桥，位于曲靖市马龙县西南部，它是一座自然形成的桥，所以称为天生桥。马龙天生桥呈东西走向，桥高约20米，桥拱跨度10余米，宽约6米，桥体为坚硬厚实的石灰岩，整座桥浑然一体，天衣无缝，站在天生桥上，游人无不惊叹大自然的鬼斧神工。

✉ 云南省曲靖市马龙县马鸣乡　🚌 从马龙县包车可达　¥20元

5 沾益海峰湿地

素有"云南小桂林"之称

★★★★★ 赏

　　沾益海峰湿地，位于曲靖市沾益县大坡乡，它是集山、水、林、石、洞、潭及草地于一体的典型的喀斯特湿地景观，素有"云南小桂林"之誉。沾益海峰湿地面积6.67平方公里，景区内景观密集而众多，且很有特色，主要景观有"小石林女儿泉"、"鲤鱼塘"、"小牛塘"、"城门洞"、"月牙湖"和"三山八洞一崖"等，因此它是生态旅游、科考旅游、休闲观光、游览度假的理想场所。

✉ 云南省曲靖市沾益县大坡乡　🚌 从沾益县包车可达　📞 0874-3532144　¥30元

6 天坑
地壳陷落而成的地洞 ★★★★★ 赏

天坑，位于曲靖市沾益县大坡乡，属地壳陷落而成的地洞，大坡乡有4道"天坑"，最宽的达180米、深170米，"天坑"内尚有恐龙时代的蕨类植物，天坑作为大自然塑造的奇观，既有一定的研究价值，也有很高的观赏价值。

📧 云南省曲靖市沾益县大坡乡　🚌 从沾益县包车可达

7 九龙瀑布
(100分!)
中国最大的瀑布群景观 ★★★★★ 赏

九龙瀑布，位于曲靖市罗平县城东的九龙河上，它是中国最大的瀑布群景观，也是罗平古十景之一的"三峡悬流"所在地。进入九龙大瀑布景区，首先看到的是碧日滩，滩下有河心小岛，将水分成三股，形成三个宽窄不等、高约2米的小叠水，这是九龙十瀑中的第一瀑。第二瀑布人称"情人瀑"，高43米、宽39米，瀑下水潭幽深、静谧，余下的瀑布各具特色。除瀑布以外，碧日潭、月牙湖、戏水潭也十分悦人心目，总之九龙瀑布，是人们避暑、观光、游览、探险、度假的好地方。

📧 云南省曲靖市罗平县　🚌 从罗平县包车可达
📞 0874-8754101　¥ 30元　🕐 7:30—17:30

鲁布革小三峡，位于曲靖市罗平县，地处黄泥河畔的山梁上。鲁布革小三峡分别指雄狮峡、滴灵峡、双象峡。雄狮峡，峡口宽约30米，左岸的峭壁上，几块巨石犹如雄狮从天而降，俯视着湖水，因此得名雄狮峡；滴灵峡，峡湖面很窄，仅有10余米宽，平静的水面上不时会出现野鸭、鸳鸯在戏水漫游，风景秀丽；滴灵峡前方是双象峡，两个好似正在饮水的大象的山包，它的长鼻子伸进水中，憨态可掬，双象峡由此得名。

8 鲁布革小三峡
山梁上的峡口 ★★★★ 赏

📧云南省曲靖市罗平县 🚌从罗平县包车可达 📞0874-8215063 💴25元

9 胜境关
滇南胜境 ★★★★ 赏

胜境关，也称界关，位于曲靖市富源县城东南郊，它是古代由黔入滇的重要关隘。胜境关关口立有一座界坊，坊匾上书"滇南胜境"，故名胜境关。界坊，始建于明朝，高14.8米，面阔14.5米，楹柱涂金绘彩，重檐翘角，雄伟壮观，界坊经多次修葺，才留存至今。

📧云南省曲靖市富源县 🚌乘富源县出租车可达 💴15元

10 会泽以礼河

75分！

柳树成荫的河

★★★★★ 赏

云南省曲靖市会泽县　乘 会泽县出租车可达　¥30元

　　会泽以礼河被称为"柳树成荫的河"，它全长120多公里，上游、中游、下游各有不同的风光。上游有我国第一大土坝，即毛家村水库大坝，毛家村水库大坝景色绮丽，宛如一幅山水画卷。中游水流平缓，两岸杨柳婀娜，波光粼粼，风光无限。下游在小江口与金沙江交汇处，形成三山夹两江的壮景，山高峰峻，浪涌湍急，流泉遍布，绿树成荫，呈现出迷人的亚热带风光。

11 陆良彩色沙林

90分！

地貌奇观

★★★★★ 赏

　　陆良彩色沙林，位于曲靖市陆良县，是著名的地质旅游景观。陆良彩色沙林总面积约180公顷，该沙林因风化剥蚀而成，为层峦垒峰状；又因其以红、黄、白为主色调，辅以青、蓝、黑、灰色，加上季节、气候、日照及观赏角度的不同，产生绚丽多姿的色调，故名彩色沙林。

云南省曲靖市陆良县　乘 从陆良县包车可达
0874-6881555　¥100元

大赏云南

攻略 HOW

云南

云南攻略 YUNNAN HOW

文山壮族苗族自治州

　　文山壮族苗族自治州，地处云南省东南部，辖1个市、7个县；文山壮族苗族自治州素有"滇东南大门"之称，北回归线横贯其中，这使得文山壮族苗族自治州光、热、水、气非常充裕，独特的自然条件赐予了文山壮族苗族自治州丰富的生物、植被、矿产和旅游资源。

文山壮族苗族自治州 特别看点!

第1名!
老君山风景名胜区!
100分!

★ 素有滇东南地区唯一的一块亚热带"植物宝库"的美誉!

第2名!
坝美村!
90分!

★ 传说中的罕见的世外桃源!

第3名!
峰岩洞村!
75分!

★ 一洞成一村,有"中国现代第一奇村"之称!

---

1 老君山风景名胜区 (100分!)

老君山风景名胜区 ★★★★★ 玩

老君山风景名胜区被认为是云南风景最优美、自然资源最丰富、民俗文化最独特的地方之一,素有滇东南地区唯一的一块亚热带"植物宝库"的美誉。老君山风景名胜区由三个景区组成,分别是老君山、薄竹山、西华山景区,总面积达94平方公里。老君山风景名胜区内既有高山植被、珍稀动物,也有众多的冰蚀湖和奇异的丹霞地貌。近些年来,老君山风景名胜区旅游、观光、度假、避暑等的游人越来越多,老君山风景名胜区成了云南乃至全国极负盛名的景区。

✉ 云南省文山壮族苗族自治州文山市 🚌 乘文山县出租车可达 ☎ 0876-3210222 ￥ 60元 🕐 8:00—18:00

2 硝厂瀑布
气势磅礴的瀑布 ★★★★★ 赏

✉云南省文山壮族苗族自治州文山市
🚌乘文山市出租车可达 ¥20元

硝厂瀑布，位于文山市城南15公里处，它是盘龙河水从80余米高处飞流而下形成的大瀑布。大瀑布被两山夹峙，水从中间倾天而下，非常壮观。特别是雨水季节，硝厂瀑布气势更加磅礴，如万马奔腾，水花飞溅，瀑声震耳，具有"飞流直下三千尺，疑是银河落九天"的意境。

西华公园，位于文山市开化镇西华山麓，公园始建于清康熙初年，起初叫西华寺，1931年开辟为公园，园内景点较多，分别有稍息宫、九龙大型石雕、静雅轩、险峰、翠峰、聚群堂、曲桥池等。整个西华公园，一眼望去，那刀削斧凿般的危崖巨石和立在悬崖绝壁之上的亭台楼阁，不得不让人感叹它的雄奇。

3 西华公园
坐落在悬崖峭壁上的公园 ★★★★ 赏

✉云南省文山壮族苗族自治州文山市开化镇 🚌从文山市包车可达
¥6元 🕐7:30—18:30

4 六郎洞
相传为杨六郎驻扎过的洞穴 ★★★★ 赏

六郎洞是属于喀斯特地貌的溶洞，相传，北宋名将杨六郎曾驻扎此洞，所以取名"六郎洞"。

六郎洞洞室宽大，洞内钟乳石丛集，如

✉云南省文山壮族苗族自治州丘北县新店乡
🚌从丘北县包车可达 📞0876-7273899 ¥15元

鼎、钟、磨，鸟、兽、人物等，千姿百态，惟妙惟肖。洞内更令人惊奇的是那长约20米、高约1.5米的卧龙穴，穴的内壁有十分明显的恐龙骨架痕迹和密布的龙鳞印，游人至此无不驻足欣赏、感叹。现在六郎洞中还建有我国第一座利用地下溶洞水发电站，即六郎洞水电站。

5 丘北普者黑风景区

自然景色与人文景观融合的景区

★★★★★ 玩

丘北普者黑风景区，位于文山壮族苗族自治州丘北县城西北，它是一个多功能的风景名胜区。风景区内的景观类型多样、内容丰富、可以用秀、奇、古、纯、幽五个字概括。景区内有高原湖泊群、孤峰群、溶洞群、峡谷、瀑布、古代人文遗址等景观，普者黑风景区还有一个特点就是将绚丽多姿的民族风情巧妙地融合到每个景点当中。亲临观之，令人赏心悦目，心旷神怡。现在普者黑风景区已经成为国内外游客观光、休养、度假、攀岩、娱乐的胜地。

✉ 云南省文山壮族苗族自治州丘北县　🚌 乘丘北县出租车可达
📞 0876-4610006　💴 80元

普者黑湖

盛满鱼虾的水塘

　　普者黑湖，位于丘北县锦屏镇西北，为高原淡水湖，是丘北普者黑景区内的主要景点之一。"普者黑"是彝语音译，"普者"意为鱼虾，"黑"为塘，意为"盛满鱼虾的水塘"。普者黑湖呈不规则"十"字状，湖长2公里，最大宽度1公里，一般水深4米，水色透明，湖底、湖岸均为泥滩，湖中产草鱼、鲢鱼、虾、蟹等，因此当地人们又称它为"珍珠湖"。

6 猴爬岩大峡谷

猴子游玩的谷地 ★★★★ 赏

　　猴爬岩大峡谷，位于丘北县东北，因猴子常在绝壁上嬉戏，所以得名。猴爬岩大峡谷内有野生动植物、瀑布、暗河、溶洞等。当然最吸引人的是在峡谷的绝壁上玩耍的猴子，这些猴子少则数十只，多则百余只，成群结队地攀岩，场面极其壮观。游客曾这样概括猴爬岩大峡谷的特点："险于峡，趣于猴，魂于绿，游于幽"，现在猴爬岩大峡谷成了观光、摄影、探险的佳地。

云南省文山壮族苗族自治州丘北县　从丘北县包车可达　0876-4126396　25元

7 坝美村

90分!

"世外桃源"

★★★★★ 逛

✉ 云南省文山壮族苗族自治州广南县
🚗 从广南县包车可达　¥20元

坝美村，是一个与世隔绝的村落，村子四面环山，不通公路，进出寨子主要靠村前村后两个天然的石灰溶岩水洞，村民要靠撑竹筏、划独木舟、坐小船才能出入村庄。坝美村还保留着浓厚的壮族传统文化，寨里每年都按时节举行祭龙、祭祖、围鱼、对歌、龙娅歪、花糯米饭节、斗鸡、泼仙波、领夜种神田、耍狮子、踢叶子球、踢毽子等活动。

坝美村的房屋很有特色，房屋一般用木板架成，四周用树枝围拢，再敷上泥巴、牛粪混合成的黏土，既通风，又保暖，一般楼上住人，楼下关牲畜、堆杂物，当地壮族称麻栏楼，也有人称吊脚楼。坝美人世世代代以农耕为生，至今仍然保留着自给自足的小农经济社会形态，坝美村被称为21世纪中国大地上罕见的"世外桃源"。

8 三腊瀑布

三条河溪汇集的瀑布 ★★★★★ 赏

　　三腊瀑布，也称响泉瀑布，因位于三腊村附近而得名，三腊的壮语意为"三条河溪汇集的地方"，三腊瀑布就是由三条河汇集而成的瀑布。三腊瀑布从10余米宽的危崖之巅倾泻而下，形成三级落差，高约120米；一级一潭，瀑布水势汹涌，吼声震天；瀑布随季节变化而变化，夏季，三腊瀑布巨流狂泻，气势恢宏；冬季，瀑布似白练垂空，秀丽美观。

　　✉云南省文山壮族苗族自治州广南县八宝镇三腊村　🚍从广南县包车可达　📞0876-5322772　￥20元

9 广南八宝景区

素有"小桂林"之称

★★★★★ 赏

✉ 云南省文山壮族苗族自治州广南县
🚍 从广南县包车可达
📞 0876-5154498 💴 50元
🕐 8:00—17:00

广南八宝景区是以峰丛、峰林、岩溶瀑布景观为主的景区，景区有大小河流25条，其中最吸引人的要数八宝河，八宝河由南向北缓缓流过，河水四季清澈，周围峰林四立，青山绿水，被游客称为广南的"小桂林"；八宝河上有5座古桥，经常有壮族青年男女在古桥上对歌，别有少数民族风情。广南八宝景区内溶洞较多，有三腊溶洞、汤纳溶洞等；除此以外，溶峰也是广南八宝景区的特色景点，溶峰呈尖锥状，一般高百米，远远望去，非常秀丽。

广南莲湖

八宝风景区的著名景点

广南莲湖开凿于清嘉庆年间，湖水面积约1万平方米，湖中长堤横贯两岸，长堤两端建有石拱桥，湖中央建有楼阁水榭；湖周围绿树成荫，环湖修有水泥路面的幽径，漫步其间，富有情调。现在莲湖已建成公园，即莲湖公园，作为八宝风景名胜区的重要景点之一，成为人们茶余饭后休闲及游览的好地方。

美岩溶湖

四季涌流的湖泊

广南八宝景区内有许多岩溶湖，其中美岩溶湖比较著名，它长350米，宽50～80米；美岩溶湖湖底有4个出水洞，宛如4条青龙在含水吐珠，四季涌流，非常壮观。

10 都龙边境集市

边境商贸大市场

★★★★★ 逛

云南省文山壮族苗族自治州马关县　从马关县包车可达

都龙边境集市，位于文山壮族苗族自治州马关县的一个古镇上，在这个集镇上，多彩的民族服饰构成了集市上的一道迷人的风景。来到都龙边境集市，可以买到各种精美的民族工艺品和地方特产，同时，还可以感受到少数民族文化气息，体验少数民族的生活方式。

11 浴仙湖

传说仙女洗浴的地方

★★★★ 赏

浴仙湖，是一个有着神奇传说的湖泊，相传在很久以前，天宫仙女经常来这里沐浴，所以得名浴仙湖。浴仙湖海拔1506米，东西长2750米，南北宽2250米，水深7米；浴仙湖山水相映，风景如画。值得一提的是，浴仙湖沿岸有海子边、新塘、接音坡三个村寨，分别居住着彝、苗、壮三个少数民族。每逢正月间苗族的花山节、三月间壮族的三月三歌节、六月彝族的火把节，3个村寨的少数民族，都要盛装打扮，载歌载舞地来湖滨过节，此时，可以欣赏苗族芦笙舞、彝族弦子舞以及壮族的草人舞。

✉ 云南省文山壮族苗族自治州砚山县 🚌 从砚山县包车可达 ¥ 30元
🕐 8:00—19:00

12 麻栗坡烈士陵园

爱国主义教育基地

★★★★ 赏

麻栗坡烈士陵园里安息的主要是对越自卫反击作战中牺牲的烈士。它建于1979年，占地3.3万余平方米，背靠青山，面向绿水，陵园大门建门亭，上书"麻栗坡烈士陵园"7个大字。园内标志性的建筑就是革命烈士纪念塔。纪念塔上有毛泽东和朱德的题词。纪念塔的两侧还有纪念碑，上面刻着烈士们的英雄事迹。另外，陵园内还有全国各地赠送的北京雪松、龙柏、撒金柏等松柏，象征着人们对烈士的怀念和烈士精神永存，现在陵园已成为当地的爱国主义教育基地。

✉ 云南省文山壮族苗族自治州麻栗坡县 🚌 乘麻栗坡县出租车可达 📞 0876- 6622772

⑬ 峰岩洞村 〔75分！〕

中国现代第一奇村

★★★★★ 逛

峰岩洞村，坐落在崇山峻岭之间，有"中国现代第一奇村"之称。峰岩洞村奇就奇在全村60余户人家，300余口人，全部生活在一个方圆不到1公里的溶洞里，溶洞坐东向西，一个开阔的倒八字形的洞口，成了全村的大窗口。洞内左侧，株株石峰拔地而起，形如村边丛林；洞内右侧，白色钟乳石巨柱顶天立地，犹如一棵浓荫密布的长青树庇护着整个村落；洞内顶部乳石倒悬，藤蔓缠伸。站在洞口，洞内整个村寨的情景尽收眼底，各家房屋没有片瓦遮盖，楼面既是阳台，也作屋顶，一条人工石板路迂回曲折连接各家各户，洞内春暖夏凉，是人间少有的天然居所。

📧 云南省文山壮族苗族自治州广南县　🚌 乘639、6路公共汽车可达　💴 20元

⑭ 驮娘江景区

素有"小三峡"之称

★★★★ 赏

驮娘江景区是一个集田园风光、亚热带雨林景观和熔岩河谷地貌景观于一体的风景区，它由三个风景区组成，分别是驮娘峡、归朝、鸟王山。景区共有30多个景点，其中最具有观赏价值、最有吸引力的地方是驮娘峡，驮娘峡素有"小三峡"之称，峡谷两岸山势十分险峻，虽然两岸全是悬崖峭壁，但是岩石上却是树木葱茏，藤萝缠绕。每逢下雨之后，还可以看到几道瀑布，从数百米高的岩顶上跌落下来，汇入江中，美丽壮观。

📧 云南省文山壮族苗族自治州富宁县剥隘镇　🚌 从富宁县包车可达　📞 0876-6121929　💴 40元　🕐 8:00～18:00

大赏
云南

云南

攻略 HOW

云南攻略 YUNNAN HOW

红河哈尼族彝族自治州

红河哈尼族彝族自治州，位于云南省南部，辖3个县级市、7个县、3个自治县；它因国际河流——红河流经全境而得名。红河是云南省经济社会和人文自然的缩影，是云南近代工业的发祥地，也是中国走向东盟的陆路通道和桥头堡。

红河哈尼族彝族自治州 特别看点！

第1名！
泸江公园！

100分！

★ 按照江南园林的风格设计，素有"滇南毓秀，南疆明珠"之称！

第2名！
阿庐古洞风景区！

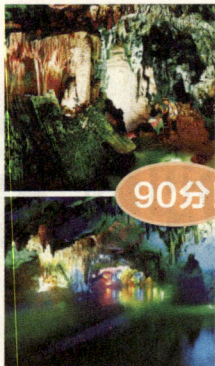

90分！

★ 有"云南第一洞"之称和"地下园林宫殿"之誉！

第3名！
朝阳楼！

75分！

★ 比北京天安门还早28年，有"小天安门"之称！

---

1 南湖公园

富有文化底蕴的公园 ★★★★★ 玩

南湖，原名草海，位于蒙自市南郊，为明朝时开凿的湖泊。当时南湖畔还垒有3座小山，分别取名蓬莱、瀛洲、方丈三仙山，同时，还从十几里外引来酒鸡泉、法果泉等泉水灌入湖中，形成碧波荡漾的南湖。现在南湖被开辟为南湖公园，公园内有许多建筑景观，其中最著名的是园内的瀛洲亭，瀛洲亭修建于清乾隆庚午年（1750年），至今保存完好，瀛洲亭因有文人学士常来相聚，吟诗作赋，又有"学海"之称。云南著名的过桥米线传说便起源于此。

📧 云南省红河哈尼族彝族自治州蒙自市
🚌 乘蒙自市出租车可达 📞 0873-5905526
💴 25元 🕐 8:00—23:00

红河哈尼族彝族自治州

2 泸江公园 （100分！）

滇南毓秀，南疆明珠 ★★★★★ 玩

泸江公园，位于开远市泸江畔，它是按江南园林的风格设计的公园，素有"滇南毓秀，南疆明珠"之称。泸江公园占地5.3公顷，公园内除了有江南园林中常有的亭台、楼阁、亭舫、水榭，以及喷池、花坛、假山、叠石等以外，还有众多的雕塑景观，如骑豹女郎、山鬼等艺术雕像，特别是在公园的凤凰花丛中，有一座高10米、宽9米的"腊玛风采"雕像，表现了古猿人与恐龙搏斗的壮观场面，是目前云南最大的雕像；现在泸江公园成为开远市重要的游览胜地。

✉ 云南省红河哈尼族彝族自治州开远市 🚌 乘18路公共汽车可达 ☎ 0873-7223899
¥ 18元 🕐 7:00—18:30

3 秀山寺

三教合一的寺庙 ★★★★★ 赏

秀山寺，原名真觉寺，位于红河哈尼族彝族自治州石屏县城西南的秀山东坡上，它是佛、道、儒三教合一的寺庙。秀山寺始建于唐，现存的建筑有休憩亭、秀山碑、山门、弥勒殿、大雄宝殿、左右配殿及各殿东西厢房等；寺内塑有弥勒佛、韦驮、十八罗汉，儒、释、道、文昌、真武及释迦牟尼三世佛、观音、药王及十王神像。秀山寺周围风光无限，竹木成林，古柏参天，花开时节，繁花似锦，秀山寺不愧为一处宗教旅游胜地。

✉ 云南省红河哈尼族彝族自治州石屏县 🚌 乘石屏县出租车可达 ¥ 10元

4 朝阳楼

75分！

古代军事重镇的象征

★★★★★ 赏

✉ 云南省红河哈尼族彝族自治州建水县　🚌 乘
建水县出租车可达　¥ 10元　🕐 8:00—17:00

朝阳楼，原名迎晖门，位于红河哈尼族彝族自治州建水县城中心，它是我国边陲古老军事重镇的象征。朝阳楼，始建于明洪武二十二年（1389年），至今已有600多年的历史，比北京天安门还早28年，它与北京天安门的建筑风格如出一辙，因此有"小天安门"之称。朝阳楼在历史上就极负盛名，当时有人这样描写朝阳楼的景观："朝阳楼高百尺，干霄插天，下瞰城市，烟火万家，风光无际，旭日初升，晖光远映，遥望城楼，如黄鹤，如岳阳，实为南中之大观，誉为'雄踞南疆八百里，堪称滇府第一楼'"。

5 建水朱家花园

被称为"西南边陲大观园" ★★★★ 赏

云南省红河哈尼族彝族自治州建水县临安镇建新街133号　乘建水县出租车可达　0873-7653028
¥30元

建水朱家花园是清末乡绅朱渭卿兄弟建造的家宅和宗祠，有"西南边陲大观园"之称。朱家花园占地2万多平方米，其中建筑面积5000多平方米，主体建筑呈"纵四横三"布局，为建水典型的"三间六耳三间厅，一大天井附四小天井"传统民居建筑形式，房舍井然有序，院落层出叠进，厅堂布置合理，空间景观层次丰富且变化无穷，形成"迷宫式"建筑群。目前，朱家花园已成为集观赏、旅游于一体的精品景点。

6 建水文庙

曲阜孔庙的复制品 ★★★★ 赏

建水文庙，始建于元至元二十二年（1285年），经历代40多次扩建增修，至今天规模。建水文庙无论是现存规模，还是保存完好程度，都仅次于曲阜孔庙和北京孔庙。建水文庙完全依照曲阜孔庙的风格规制建造，其主要建筑有一池、二殿、二庑、二堂、三阁、四门、五亭、五祠、八坊等共37个单体建筑，现在除杏坛、射圃、尊经阁、文星阁、敬一亭和斋亭被毁外，其余31个建筑都得到较为完好的保存。整个建筑宏伟壮观，结构严谨，给人以庄严肃穆之感。建水文庙为建水这个国家级历史文化名城增添了极其丰富的传统文化内涵。

云南省红河哈尼族彝族自治州建水县临安路268号　乘建水县出租车可达　¥15元　7:00—18:30

7 建水燕子洞

燕子的栖息之地

★★★★★ 赏

　　建水燕子洞，位于建水县以东20余公里的泸江河谷中，因有数万只雨燕栖息于此，所以得名。燕子洞有四大独特的景观，分别是古洞奇观、春燕云集、钟乳悬匾、采燕窝绝技。燕子洞分为大小两洞，上洞巨大，下洞较小，洞内均簇立石笋、石柱、钟乳石等，洞内的岩壁上巢居着数万只雨燕，到了春夏之际，群燕飞来，如万箭齐发，十分壮观。每年8月8日为建水燕窝节，当地农民徒手攀登上50多米高、450米长的洞顶，在钟乳丛中采集燕窝，惊险的场面令人惊心动魄；现在燕子洞每天都进行徒手攀岩表演，非常热闹。

✉ 云南省红河哈尼族彝族自治州建水县　🚌 乘建水县出租车可达　📞 0873-7821068　💰 25元　🕘 9:00—17:00

8 建水燃灯寺

滇南著名的佛寺之一

★★★★★ 赏

✉ 云南省红河哈尼族彝族自治州建水县　🚌 乘建水县出租车可达　💰 10元

　　建水燃灯寺，位于建水县城东门外的燃灯寺街上，它建于明嘉靖年间（1522—1566年），是滇南著名的佛寺之一。燃灯寺坐北朝南，占地面积 1800多平方米，现存建筑为清光绪四年（1878年）重建时保留下来的，有中殿、后殿、两廊庑等20多间。燃灯寺内部装饰华丽，外部建筑古朴，自1985年恢复佛事活动以来，燃灯寺一直香火旺盛，现在游人也络绎不绝。

9 团山民居

滇南民居的典范

★★★★★ 赏

团山民居，位于建水县城以西13公里处，历史上是彝族的居住地，2005年6月21日，团山民居被评为世界上极为罕见的未经触动的人类珍贵遗产的典范。团山民居建在一坡地之上，背依青山，面临西庄坝子，现保存完好的大型民居15座，寨门3座，寺庙3座，宗祠1座，祖茔1座，总建筑面积16158平方米。团山民居形制规整，布局灵活，空间景观丰富，内雅外秀，建筑精美，表现了滇南民居建筑的典型特征。

✉ 云南省红河哈尼族彝族自治州建水县西庄镇团山村 🚍 乘建水县出租车可达 📞 0873-7703189 ¥ 20元

10 学政考棚

古代科考遗址

★★★★ 赏

✉ 云南省红河哈尼族彝族自治州建水县临安路134号 🚍 乘建水县出租车可达 📞 0873-7655136 ¥ 10元 🕐 8:00—18:00

学政考棚，位于红河哈尼族彝族自治州建水县城，在历史上，它是云南举行院试的考场。学政考棚建于清康熙年间，考棚纵深150米，面宽40余米，占地6000余平方米，房舍栉比，以甬道为中轴线严格对称，呈四进院布置，庄严肃穆，给人以层层奋进之感。

11 双龙桥

云南规模最大的多孔连拱桥 ★★★★★ 赏

　　双龙桥，也称"十七孔桥"，被认为是云南省规模最大、艺术价值最高的一座多孔连拱桥。它位于建水城西3公里的泸江与塌冲河上，因两河蜿蜒如龙，故而得名双龙桥。双龙桥，长148米、宽8米，桥中建有三座飞檐式阁楼，两端阁楼略小，居中一座较大，楼中有楼，桥楼相映，蔚为大观，不愧为我国造桥史上极为珍贵的杰作，现在已被列为我国大型古桥之一。

✉ 云南省红河哈尼族彝族自治州建水县　　🚌 乘建水县出租车可达
¥ 15元

⑫ 个旧金湖

水中城，城中水　★★★★ 赏

云南省红河哈尼族彝族自治州个旧市金湖东路112号
乘个旧市出租车可达　0873-3119335　¥30元

　　个旧金湖，也称金子之湖，是著名作家巴金先生起的名字，它坐落在个旧市的中间，形成"水中城，城中水"的景致。金湖占地仅1平方公里多，沿着金湖岸，建有当地一流的体育馆、体操馆、网球馆，最惹眼的要数用艺术化手法设计的马蹄形观景式体育场，这些现代化的建筑巧妙地与金湖的景观融合在一起，共同构成了金湖独特的"水中城，城中水"景观。

⑬ 焕文公园

充满人文气息的公园　★★★★ 赏

　　焕文公园，位于红河哈尼族彝族自治州石屏县城东2公里处，坐落在异龙湖畔，焕文公园有三个极其著名的景点，分别是焕文塔、文献楼、状元楼。登上高耸入云的焕文塔顶，极目远眺，四周景观尽收眼底，有异龙湖畔的村寨、乾阳山、笔架山。文献楼是新建的一座仿古建筑，与焕文塔遥遥相望，整座建筑雕梁画栋，气势恢宏；走入这座建筑，游人既可看到石屏县近千年的历史文化，也可看到石屏"文学南滇第一州"的发展轨迹。

云南省红河哈尼族彝族自治州石屏县　乘石屏县出租车可达　0873-4854793
¥20元　8:00—17:00

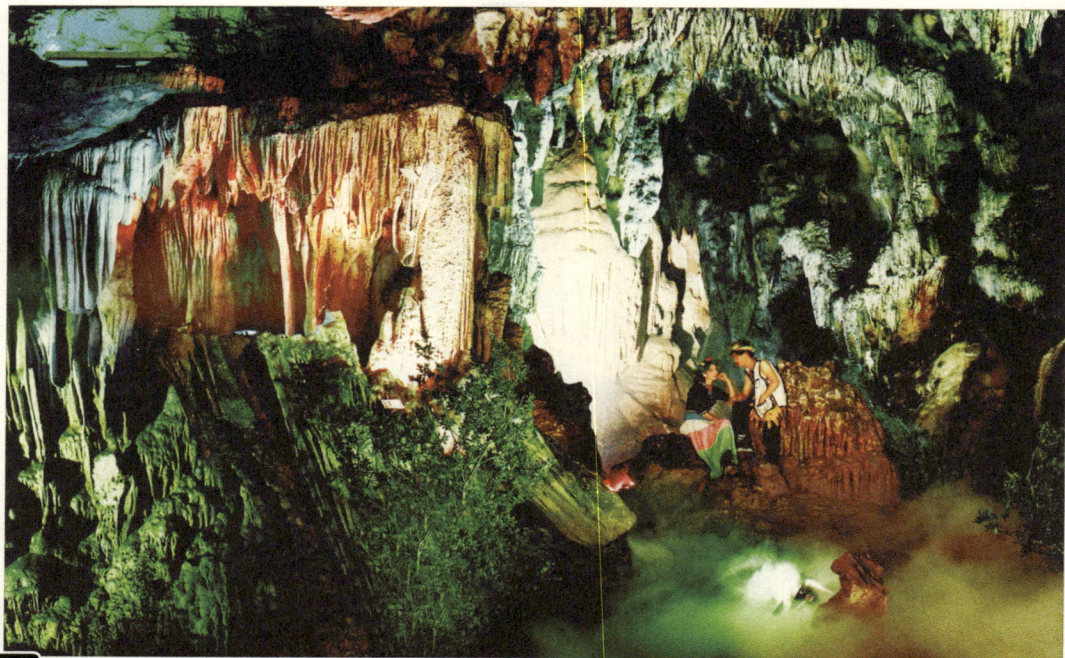

14 阿庐古洞风景区 90分!

被称为"云南第一洞"

★★★★★ 赏

　　阿庐古洞风景区，位于云南省泸西县城西2公里处，它是宋、元时云南三十七蛮部之一"阿庐部"的穴居点，有"云南第一洞"之称和"地下园林宫殿"之誉。

　　阿庐古洞其实是一组典型的岩溶地貌地下溶洞群，呈现出典型的岩溶景观。明代著名旅行家徐霞客曾两次入洞考察，并留下了"泸源之水涌于下穴，泸源之洞群于悬岩"的名句。

　　阿庐古洞的主洞体由泸源洞、玉柱洞、碧玉洞、玉笋河组成，三洞一河全长3000余米，洞景具有古、奇、绝的特点，洞外有泉，洞中有洞，洞中有天，洞下有河是阿庐古洞的写照，除此之外，洞内还有各种石笋、钟乳、石柱、石幔、石镰、石瀑、石花等，千姿百态，应有尽有，游人来此，无不拍手称奇。

📧 云南省红河哈尼族彝族自治州泸西县　🚌 乘泸西县出租车可达　📞 0873-6652006　💰 85元

🕐 8:00—17:00

红河哈尼族彝族自治州

🌸 玉笋河

地下暗河

　　玉笋河是一条地下暗河，长达800多米，河水由北向南流动，流速缓慢，河水清澈见底，倒影重重，水上水下，处处是景，划船荡游，人似在画中游。玉笋河有两个奇特之处最吸引游人的目光，一是被称为洞中一绝的"水中石笋"；二是"透明鱼"，透明鱼是玉笋河中独有的一种鱼，从外表可清晰地看到鱼肚子里面的骨骼及五脏六腑，实属举世罕见的珍稀鱼种。

15 锦屏山风景区

滇东南的佛教圣地　　★★★★★ 赏

　　锦屏山风景区是一处绝佳的旅游胜地，也是滇东南著名的佛教圣地。它位于红河哈尼族彝族自治州弥勒县，景区山清水秀，风景宜人，风土人情浓郁，佛教文化底蕴深厚。景区内值得观赏的景点有两处，分别是锦屏山和弥勒寺。锦屏山，山形独特，山呈屏风状，山间绿荫环抱，幽静宜人。弥勒寺是红墙黄瓦的千年古寺，至今香火旺盛。

　　📧 云南省红河哈尼族彝族自治州弥勒县 🚌乘弥勒县出租车可达 📞0873-6264499 ￥40元 🕐8:00—17:00

16 花鱼洞国家森林公园

综合性的森林公园　　★★★★ 赏

　　花鱼洞国家森林公园，东西长约85公里、南北宽7.2公里，公园分为热带雨林、花鱼洞、望天树、热带经济林木四大风景区，另外，还有一个野生动物保护养殖中心。近年公园内还开辟了娱乐场、狩猎场等21个游玩景点，现在花鱼洞国家森林公园已经发展成集休闲、度假娱乐、狩猎、观赏于一体的综合性森林公园。

　　📧 云南省红河哈尼族彝族自治州河口瑶族自治县 🚌从河口瑶族自治县包车可达 ￥15元 🕐8:30—18:00

云南攻略 YUNNAN HOW　117

大赏
云南

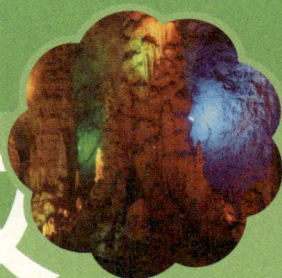

攻略 HOW

云南

云南攻略

YUNNAN HOW
玉溪市

　　"玉溪"因横贯玉溪市区的珠江源头之一的玉溪大河而得名，河水澄碧透亮，如玉带潺潺流淌在万亩田畴之中。玉溪市位于云南省中部，辖1个市辖区、5个县、3个自治县；玉溪市地势西北高、东南低，地形复杂，山地、峡谷、高原、盆地交错分布；特殊的地理地貌，形成了玉溪"三湖一山一池一泉"为主的风景名胜，玉溪已经成为云南最热门的旅游胜地之一。

玉溪市 特别看点！

第1名！
抚仙湖！

100分！

★ 徐霞客这样评价抚仙湖"滇山唯多土，故多勇流成海，而流多浑浊，唯抚仙湖最清"！

第2名！
通海秀山！

90分！

★ 云南四大名山之一，素有"秀甲南滇"的美誉！

第3名！
杞麓湖！

75分！

★ 有"湖水拖蓝"奇观，是通海八景之一！

---

1 聂耳故居
音乐家聂耳的故居 ★★★★ 赏

✉ 云南省玉溪市红塔区北门街3号　🚌 乘1、2、4、6、7、9路公共汽车可达　📞 0877-2011120　💴 免费
🕘 9:00—18:00

聂耳故居，位于玉溪市老城区，它是聂耳祖辈世代居住的地方。聂耳故居是两层土木结构的旧式楼房，20世纪90年代，为了纪念大音乐家聂耳，当地政府对聂耳故居经行了修复，修复后的房屋保留了原来的结构和外貌，屋内陈设也是原来的样子。故居内陈列有聂耳在玉溪期间使用过的许多实物以及生活学习和工作时的照片。故居外的院子里有一尊聂耳全身塑像，塑像表现出聂耳拎着小提琴还乡的姿态，英姿潇洒。

② 抚仙湖 100分!
清澈见底的溶蚀湖泊 ★★★★★ 赏

抚仙湖，位于玉溪市澄江、江川、华宁三县交界处，它是一个南北向的断层溶蚀湖泊，形如倒置葫芦状，两端大、中间小，北部宽而深，南部窄而浅，中呈喉扼形。抚仙湖，水质极佳，湖水清澈见底，透明度达8米，旅行家徐霞客曾在他的日记中记录过抚仙湖："滇山唯多土，故多勇流成海，而流多浑浊，唯抚仙湖最清"。

📧 云南省玉溪市澄江县　🚍 乘玉溪市客运站旅游专线可达　📞 0877-8371841　¥ 10元
🕐 8:00—19:00

③ 星云湖
月光倒映的湖泊 ★★★★★ 赏

星云湖，也叫江川海，位于玉溪市江川县城北郊，与抚仙湖临近。由于湖水碧绿清澈，波光妩媚迷人，月明之夜，皎洁的月光映照湖面，如繁星坠入湖中，晶亮如云，故而取名为星云湖。沿湖温泉甚多，许多人来星云湖旅游，不仅能饱览湖光山色，还能在此沐浴和疗养。

📧 云南省玉溪市江川县　🚍 乘玉溪市客运站旅游专线可达　📞 0877-2067406　¥ 15元

4 元江世界第一高桥

五跨连续钢构桥梁 ★★★★ 赏

元江世界第一高桥，位于元江县桥头村，从江面到桥面高168米，是目前世界第一高桥。元江世界第一高桥为五跨连续钢构，它有两座主墩，主墩高123.3米，打破此前世界连续钢构桥最大墩高107米的世界纪录，它的主跨265米，为世界同类型桥梁第二大跨度。元江世界第一高桥不仅是一条交通要道，更成为元江县重要的旅游景观。

✉ 云南省玉溪市元江县　🚌 乘玉溪市客运站旅游专线可达　📞 0877-6018898　￥25元

5 杞麓湖

75分！

通海八景之一 ★★★★★ 赏

✉ 云南省玉溪市通海县　🚌 乘玉溪市客运站旅游专线可达　📞 0877-2067406

杞麓湖，位于玉溪市通海县城，因此又被称为通海湖，杞麓湖属南盘江水系，湖泊略呈矩形，东西长约10.4公里，南北平均宽约3.5公里，平均水深4米，湖水自西向东逐渐加深。

杞麓湖，风光旖旎，每当风平浪静、碧空如洗之时，湖面从东到西便出现一条长达数丈的湛蓝色带，古人称这奇景为"湖水拖蓝"，此景被列为通海八景之一。如今杞麓湖岸边人工筑起了海埂，既方便游客饱览湖光山色，又可在此垂钓，因为湖内盛产鲤、鲫、大头鱼等。

6 通海秀山 （90分！）

秀甲南滇

★★★★★ 赏

通海秀山，位于玉溪市通海县城南郊，在历史上曾与昆明金马山、碧鸡山以及大理的苍山共称云南四大名山，素有"秀甲南滇"的美誉。秀山山间林木茂密，风景秀丽。山间保留了众多的文物古迹，有万寿台、普光寺、紫光阁、清凉台、涌金寺等明、清建筑20多处，掩映于万绿丛中，为秀山增色不少。

云南省玉溪市通海县秀山镇文献里46号 乘玉溪市客运站旅游专线可达 0877-3806120 ¥15元 7:00—18:00

普光寺

秀山第二大古寺

普光寺位于秀山山腰偏东，为秀山第二大古寺，它始建于五代时期，寺内供奉神僧李畔富。传说李畔富到通海为僧，因见通海湖水高涨，百姓庄稼遭殃，他便开凿落水洞，让湖水降落，这才出现良田万顷、百姓安居乐业的景象，寺内有诗云："在昔若无僧畔富，至今哪得秀山幽。"另外，寺内有砖石堆砌的"畔公塔"也是为了纪念李畔富所建。塔旁有天然沙石岩，中凹处蓄泉水，日夜滴落，叮咚不息，名曰"畔富洗钵地"；普光寺似乎处处都与李畔富有不解之缘。

7 帽天山国家地质公园

有"化石博物馆"之称

★★★★★ 赏

云南省玉溪市澄江县 乘澄江县客运站旅游专线可达

0877-6717139 ¥30元

8:00—18:00

帽天山国家地质公园，位于云南省玉溪市澄江县，它是因化石而闻名的公园，有"化石博物馆"之称。公园里帽天山化石带，呈带状蜿蜒分布，长20公里，宽4.5公里，动物化石群埋藏深度在50米左右，这些动物化石群再现了距今5.3亿年前海洋生物的真实面貌，为揭示地球早期生命演化的奥秘提供了极其珍贵的证据。

8 哀牢山

动物的王国

★★★★ 赏

哀牢山，位于玉溪市新平彝族傣族自治县，普洱市景东、镇沅县，楚雄彝族自治州楚雄市、双柏县等交界处，它是云贵高原和横断山脉的分界线，也是云江和阿墨江的分水岭。哀牢山为西北东南走向，海拔3000多米，全长约500公里，山中常年云缠雾绕，巍峨壮观。哀牢山的植被丰富，尤其是古老名贵植物种类较多，同时，哀牢山动物繁多，素有"动物王国"之称。目前哀牢山已开辟多个景点，主要有"南恩瀑布"、"陇西世族"庄园、"茶马古道"、大磨岩峰、大雪锅山、国际候鸟迁徙保护区等。

云南省玉溪市新平彝族傣族自治县 乘玉溪市客运站旅游专线可达 0877-2067406

¥15元 8:00—19:00

9 锦屏山景区
葱郁茂密的山林园 ★★★★★ 赏

　　锦屏山景区，位于峨山彝族自治县以西15公里处，景区内空气清新，植被保护完好，主要景点有云海阁、林海阁、百花区、茶山明珠、云茶山庄等。

　　除此之外，还有一处吸引人的地方枣龙潭石坝，坝内碧水清澈见底；参天大树，郁郁葱葱；潭头泉水荡出无限涟漪，非常美丽。

📧云南省玉溪市峨山彝族自治县　🚌乘玉溪市客运站旅游专线可达　💰50元　🕐8:00—18:00

10 龙马溶洞
独特的溶洞风景 ★★★★ 赏

📧云南省玉溪市城北　🚌乘玉溪市出租车可达
📞0877-2067406　💰30元

　　龙马溶洞，又称龙马神宫，位于玉溪市北郊，溶洞全长310.5米，宽50米，最高处23米，整个溶洞有4个大小厅室，6个岔洞，洞中有洞，洞洞有景，景景神奇，是游客对龙马溶洞的评价。龙马溶洞内著名的景点有水晶宫、龙宫大殿、龙马后宫、龙马水池等，这些景点大相径庭，给人以耳目一新的感觉。龙马溶洞外的景观，也非常独特，除了有被人们称道的三叠瀑以外，还有石城，石

城是由高低错落的石柱组成，三叠瀑和石城构成了龙马溶洞的外部景观，使溶洞更具魅力。

11 映月潭休闲文化中心
露天日式温泉 ★★★★★ 娱

　　映月潭休闲文化中心，位于玉溪市红塔区大营街，它是以温泉名扬天下的休闲中心。映月潭休闲文化中心的温泉很有特色，为全新的露天日式温泉，例如有珍珠浴、死海水浴、酒浴、古汉盐浴、贵妃浴、泡泡浴、大理石浴、沙浴等温泉池，每一个温泉池都是一片不同的天地，每一处温泉，都让游人大开眼界。目前映月潭休闲文化中心还将最传统的温泉文化和最新的健康休闲理念融合

起来，形成了独特的温泉文化和温泉景观。

📧云南省玉溪市红塔区大营街　🚌乘玉溪市出租车可达　📞0877-2773048　💰68元

大赏云南

攻略 HOW 云南

云南

云南攻略 YUNNAN HOW

西双版纳傣族自治州

西双版纳傣族自治州，位于云南省西南端，辖1个县级市、2个县；西双版纳既是面向东南亚、南亚的重要通道和基地，也是云南对外开放的窗口；西双版纳，古代傣语为"勐巴拉娜西"，意思是"理想而神奇的乐土"，这里以神奇的热带雨林自然景观和少数民族风情而闻名于世，是中国的热点旅游区域之一。

西双版纳傣族自治州 特别看点！

第1名！
西双版纳热带植物园！
100分！

★我国最大和保存物种最多的植物园！

第2名！
雨林谷！
90分！

★开展生态旅游，进行科普教育的首选之地！

第3名！
野象谷！
75分！

★野象频繁出没，是西双版纳唯一可以观赏到野象的地方！

📧云南西双版纳傣族自治州景洪市　🚌乘3路公交车可达
💴50元

1 孔雀湖
形似孔雀的湖泊 ★★★★★ 赏

　　孔雀湖，位于景洪市中心，因为它形如一只开屏的孔雀飞临绿野之间，所以取名孔雀湖。孔雀湖占地18700平方米，湖区由"两河三水"组成，湖水清澈，碧波荡漾。现在孔雀湖的四周，建有亭台水榭，植有奇花异卉，把孔雀湖点缀得更具魅力，另外，湖内还备有游船，游人可在迷人的孔雀湖上荡起双桨，尽兴游玩。

② 西双版纳热带植物园 ⟨100分!⟩

我国最大和保存物种最多的植物园

★★★★★ 赏

　　西双版纳热带植物园，位于西双版纳傣族自治州勐腊县，它是目前我国最大和保存物种最多的植物园。现在植物园里建成了13个专题园，如热带果树资源园、荫生植物园、棕榈植物园、水生植物园、民族植物园等。西双版纳热带植物园共有3000多个植物种，其中许多植物种是很多人闻所未闻的，如能改变味觉的"神秘果"、会下雨的"下雨树"、会吃小虫的"猪笼草"等，无不令人大开眼界。现在西双版纳热带植物园已经成为集热带科学研究、物种保存、科普教育、旅游观光于一体的综合性植物园。

✉ 云南西双版纳傣族自治州勐腊县　🚍 乘景洪市客运站班车可达　📞 0691-8715071　¥ 80元　🕐 8:00～18:00

③ 西双版纳原始森林公园

生态旅游公园 ★★★★★ 赏

　　西双版纳原始森林公园，位于景洪以东、澜沧江以北，是离景洪市最近的一片原始森林，也是西双版纳最大的综合性生态旅游景区之一。公园占地面积16.67平方公里，以"原始森林、野生动物、民俗风情"三大主题为特色，园内有北回归线以南保存最完好的热带沟谷雨林、孔雀繁殖基地、猴子驯养基地、大型民族风情演艺场、爱伲寨、九龙飞瀑、曼双龙白塔、百米花岗岩浮雕等十大景区50多个景点，游人在这里既可以饱览原生态的自然风光，还可以体验西双版纳民族风情。

云南西双版纳傣族自治州景洪市　乘景洪市出租车可达
0691-2759818　￥50元　8:00—18:00

130

4 野象谷

75分！

野象的故乡

★★★★★ 玩

云南西双版纳傣族自治州景洪市　乘景洪市客运站班车可达　0691-2431040　70元　夏季：8:00—18:30，冬季：9:00—17:00

　　野象谷，位于景洪市以北，因这里经常有野象出没，所以得名。野象谷是西双版纳唯一可以观赏到野象的地方。野象谷内沟河纵横，森林茂密，一片热带雨林风光。现在野象谷划分为动物观赏区、原始森林探险旅游区等，另外，野象谷还有我国第一所驯象学校，游人可观看大象表演节目。野象谷除了有野象之外，还有野牛、绿孔雀、猕猴等保护动物。目前野象谷凭借独特的热带森林景观和珍稀动物野象，成为西双版纳的旅游热点。

5 贝叶文化村

处处洋溢傣族风情

★★★★ 逛

　　贝叶文化村，位于西双版纳傣族自治州景洪市，它是个富含西双版纳傣族璀璨的贝叶文化、历史及民族风情的村落，也是体验西双版纳民俗风情的理想之地。贝叶文化村内有西双版纳仅存的天然"依兰香"树林，有西双版纳最大的"见血封喉"奇树——箭毒木，另外，还有罕见的药用植物"灯台叶树王"及各种热带奇花异草。在贝叶文化村里可以领略西双版纳的美丽、神秘，可以感受西双版纳傣族风土人情，还可以了解贝叶文化的历史，现在贝叶文化村成了西双版纳的旅游胜地。

云南省西双版纳傣族自治州景洪市　乘景洪市出租车可达　25元

6 曼阁佛寺
景洪市最古老的佛寺 ★★★★ 赏

　　曼阁佛寺，位于景洪市澜沧江大桥的北面，是景洪市最古老的佛寺建筑。曼阁佛寺始建于1477年，由16根红椿木圆柱支撑起傣式的大屋顶；寺檐立着16头精雕细刻的小白象，整个佛寺，无论是梁架，还是斗拱，全部用榫相接，不用一钉一铆，造型美观、雄伟庄严。佛寺周围被凤尾竹、麻阁树、菩提树、杜果树、槟榔树及缅桂花、吊钟花、喇叭花等环绕，这些奇花异木把这座佛寺衬托得既庄严又秀气。

✉ 云南省西双版纳傣族自治州景洪市北郊　乘 乘景洪市出租车可达　¥ 15元　⏰ 8:00—18:00

　　曼听公园，位于西双版纳傣族自治州景洪市东南郊，它是西双版纳最古老的公园。傣族习惯叫曼听公园为"春欢"，意为"灵魂之园"，过去曼听公园是西双版纳傣王的御花园。

　　曼听公园占地面积26.67公顷，有保存完好的500多株古铁刀木林，还有原生态的山丘、河道等自然景观，同时，也有民族特色浓郁的人文景观。目前曼听公园的风景，集中体现了"傣王室文化、佛教文化、傣民俗文化"三大主题，正因如此，它每年都吸引不少游人来此参观、旅游。

✉ 云南西双版纳傣族自治州景洪市曼听路35号　乘 乘3路公共汽车可达　☎ 0691-2161451　¥ 40元　⏰ 8:30—18:00

7 曼听公园
古代傣王的御花园 ★★★★★ 玩

8 橄榄坝
西双版纳海拔最低的地方 ★★★★ 玩

橄榄坝，位于澜沧江的下游，它是西双版纳海拔最低的地方，也是气候最炎热的地方。橄榄坝海拔只有530米，面积约50平方公里，澜沧江从坝子中心穿过。橄榄坝是个盛产水果的大坝，坝上有椰子、槟榔、香蕉、杜果、荔枝、杨桃、波罗蜜、西番莲等水果。另外，大坝上布满了傣家竹楼，形成傣家村寨，掩映在果树丛林之中，犹如"世外桃源"。

✉ 云南省西双版纳傣族自治州景洪市　🚌 从景洪市包车可达

9 西双版纳傣族园

傣族风情园　★★★★★ 玩

西双版纳傣族园，位于西双版纳橄榄坝，景区内有我国保存最完好的五个傣族自然村寨，占地面积3.36平方公里，在西双版纳傣族园傣家村寨不仅能看到原始的傣家民居景观，同时还可体验传统的傣家生活习俗，感受做一天傣家人的生活乐趣。现在西双版纳傣族园还建成了购物区、烧烤场、泼水广场、大型露天剧场等，成为集观光、旅游、休闲、度假等于一体的综合性游览区。

📧 云南西双版纳傣族自治州景洪市勐罕镇　🚌 乘景洪市客运站班车可达　📞 0691-2504601　💴 90元　🕐 8:00—18:00

10 曼典瀑布

涛声震天的瀑布　★★★★★ 赏

📧 云南省西双版纳傣族自治州景洪市嘎东乡　🚌 从景洪市包车可达　💴 5元　🕐 8:00—18:00

曼典瀑布，位于景洪市嘎东乡阿玛山，瀑布分为左、中、右三道，总宽15米，落差约25米，瀑水从高处倾泻而下，美丽至极。曼典瀑布顶部，古木遮天，浓荫密布；瀑布两旁有着复杂多样的林层，把瀑布装饰得更加迷人。站在瀑布前，大自然的美妙与和谐令人流连忘返。

11 景真八角亭
多种艺术融合的建筑　★★★★ 赏

景真八角亭，位于西双版纳傣族自治州勐海县景真寨，它是一座融合了东南亚建筑风格和我国古代建筑风格的佛教建筑。景真八角亭，建在一座山丘的顶部，呈八角，为砖木结构，亭高21米，有31个面，32个角，墙面上有31幅由象、狮、虎等组成的浮雕；亭外壁镶嵌着镜子和彩色玻璃，奇光异彩使亭子无比华丽。另外，亭的最顶端置有风铃，微风吹过，一片悦耳之音，让人浮想联翩。

云南省西双版纳傣族自治州勐海县景真寨　从勐海县包车可达
0691-2129851　¥20元

12 勐景来傣寨
中缅第一寨　★★★★★ 逛

云南省西双版纳傣族自治州勐海县打洛镇景来寨　从勐海县包车可达　¥50元

勐景来傣寨，位于西双版纳傣族自治州勐海县打洛镇，是一个典型的傣族传统村寨，被称为"中缅第一寨"。勐景来傣寨占地面积为5.6平方公里，清澈的打洛江从村寨西侧流过，形成了一条天然的国境线，所以才有"中缅第一寨"之称，另外，勐景来傣寨立有225座界碑，还有百亩水田和许多鱼塘，构成一幅美丽的边境田园景观图。置身于勐景来傣寨，不仅能了解边境的少数民族风情，而且让您感慨传统的民间手工艺制作技术；漫步村寨田园，更能让人感受到原始农耕文化和农业文明的气息和脉搏。

13 独树成林

千年榕树，独木成林 ★★★★★ 赏

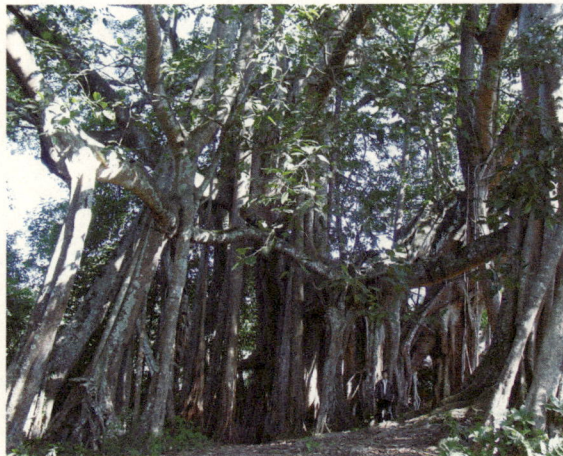

独树成林，位于西双版纳傣族自治州勐海县打洛镇的曼掌寨子旁，它是一棵古老的榕树，榕树有900多年的树龄，树高70多米，树幅面积120平方米，虽历经近千年，现在依然枝盛叶茂，枝叶既像一道篱笆，又像一道绿色的屏障，这打破了"单丝不成线，独树不成林"的俗语。古老的大榕树还有一个奇特的地方，就是它的枝干上生出许多柱根插入土中，支柱根又变成了另一棵树，形成树生树、根连根的壮观景象。近年许多游人慕名而来，在榕树旁观赏和拍照。

云南省西双版纳傣族自治州勐海县打洛镇
从勐海县包车可达 ¥10元

14 打洛小镇

少数民族杂居的小镇 ★★★★★ 逛

打洛小镇，地处中缅边境，位于勐海县西南部。打洛，是傣语，意为"多民族混杂聚居的渡口"，这里居住着傣、布朗等少数民族。打洛历史悠久，在元代称"倒龙"，明清时期叫"版纳景洛"，特别是打洛口岸，在历史上就是一个重要通道，现在它仍然是勐海县对外进行商品贸易的窗口。由于打洛镇属于北热带气候，具有夏无酷暑、冬无严寒、干湿季分明、垂直变化明显的特点，每年来这里度假、观光、避暑的游人不计其数。

云南省西双版纳傣族自治州勐海县打洛镇 从勐海县包车可达

15 雨林谷 （90分!）

沟谷雨林景观

★★★★★ 赏

雨林谷是最典型的沟谷雨林景观，它面积达89公顷，沟谷内，山高林密，植物遮天蔽日，在这莽莽的林海深处，栖息着众多的珍稀野生动物，使雨林谷生机勃勃。现在雨林谷还设置有空中走廊、溜索等娱乐设施。雨林谷通过近几年的发展，现已成为游客回归自然、体验自然，开展生态旅游，进行科普教育的首选景区。

✉ 云南省西双版纳傣族自治州勐腊县　🚌 从勐腊县包车可达　¥ 20元
🕐 7:30—17:30

16 望天树热带雨林主题公园

同一纬度地区罕见的绿洲

★★★★ 赏

望天树热带雨林主题公园，因热带雨林标志性植物群落"望天树"而得名，它位于西双版纳傣族自治州勐腊县，是地球上同一纬度地区唯一的一片绿洲。西双版纳望天树热带雨林主题公园游玩的项目非常多，游客可以乘船体验南腊河水上热带雨林奇观，可以欣赏世界第一高树——望天树，还可以徒步体验中国10大最美森林之一的菲利浦小道雨林，勇敢的旅游者还可以挑战世界第一高树冠空中走廊。总之，在望天树热带雨林主题公园，游客可以水、陆、空立体式地领略中国热带雨林的奇妙之美。

✉ 云南西双版纳傣族自治州勐腊县　🚌 乘勐腊县客运站班车可达　📞 0691-8988948　¥ 60元
🕐 8:30—18:00

大赏
云南

云南

攻略HOW

YUNNAN HOW

云南攻略 普洱市

　　普洱市，位于中国云南省西南部，辖1区9县，是我国重要的西南门户，全市面积45385平方公里，是云南省面积最大的一个市；普洱市对外交通发达，仅陆上边境通道就有18个，此外，还有澜沧江、红河、南亢河三条水道，是著名的南方丝绸之路之一。

普洱市 特别看点！

第1名！
中华普洱茶博览苑！
100分！

★以万亩生态茶园为背景，青山环绕，丘陵相拥，景色秀丽，堪称茶海中的一颗璀璨明珠！

第2名！
墨江北回归线标志园！
90分！

★北回归线从中穿过，被誉为"太阳转身的地方"！

第3名！
娜允古镇！
75分！

★我国最后一个傣族古镇，被列为傣族历史文化名城！

---

① 中华普洱茶博览苑
100分！ 赏
茶海中的一颗明珠
★★★★★

📧云南省普洱市思茅区 🚌乘5、28路公共汽车可达 📞0879-2813788 ¥20元

普洱茶博览苑，建在距普洱市区29公里的营盘山上，是一个万亩生态茶园。茶园被青山环绕、与丘陵相拥，景色极为秀丽，堪称茶海中的一颗璀璨明珠。博览苑中有博物馆、问茶楼、采茶区、茶作坊、茶祖殿、品鉴、嘉烩坊、村村寨寨、闲怡居九大景区，分别展出了普洱茶的加工流程、相关文物，字画等，游人在博览苑中可以充分体验观茶、采茶、制茶、吃茶、品茶、斗茶、拜茶、购茶的乐趣。

❷ 梅子湖公园
避暑公园 ★★★★ 赏

梅子湖公园，位于普洱市东南4公里的梅子河，梅子湖是一个人工湖，它是因人工筑坝拦截梅子河蓄水形成的湖泊。梅子湖湖长约3公里，水域面积40公顷，平均水深15米。梅子湖公园正是以梅子湖为中心而建成的公园。梅子湖公园非常适合避暑，公园大门两旁悬挂有"望梅解渴意，见湖身自凉"的楹联，不难看出这里是避暑的好地方。

现在梅子湖湖畔建了许多亭台楼阁，并普种梅子树，另外，湖畔还建有许多小茶馆、小饭馆，游人可在湖畔小憩，品尝当地生产的普洱茶，还可品尝湖中之鱼做成的酸辣鱼、砂锅鱼等，别有一番风味；每逢节日，公园里游客如云，梅子湖公园已经成了普洱市的主要旅游景区。

✉ 云南省普洱市思茅区梅园路 🚌 乘普洱市客运站班车可达 📞 0879-2310045 ￥10元 🕐 6:00—22:00

❸ 莱阳河国家森林公园
北回归线上的原始森林 ★★★★ 赏

莱阳河国家森林公园，因莱阳河从其间穿过而得名，它是中国在北回归线上仅存的一片原始森林。整个森林公园东西长约23公里，南北宽约9公里，园内森林茂密，河流交错，动植物种类繁多。莱阳河国家森林公园是游人寻幽探秘的绝好去处，深入公园内部，你会看到到处古木峥嵘，浓荫蔽日，加之鸟叫蝉鸣，猿啼阵阵，更显公园里的幽静。莱阳河在公园里曲折蜿蜒，清澈碧莹的河水在幽谷林间迂曲穿行，像巨蟒一样，加之森林内的幽静，让许多游人心惊胆战。

✉ 云南省普洱市思茅区 🚌 乘普洱市出租车可达 📞 0879-2136888 ￥30元 🕐 8:00—18:00

4 洗马河公园

洗马河公园

★★★★ 赏

📮云南省普洱市思茅区　🚗乘普洱市出租车可达　💰10元

洗马河公园曾因为一个传说而得名，相传三国时期诸葛亮带兵南征，曾在此洗刷战马并为此河取名洗马河。现在洗马河被开辟为洗马河公园，公园有9.49平方公里的水面，园内山水交融，碧水蓝天，林影倒悬，风光无限美好，恰似人间仙境。除了这些自然景观以外，现在园内还设有走廊、花栏、草坪、高廊、竹楼、诸葛塑像、洗马群塑等人工景点，自然景观与人文景观完美融合，洗马河公园宛如一幅画卷。

5 倒生根公园

独树成林的大榕树

★★★★ 赏

📮云南省普洱市思茅区　🚗乘普洱市出租车可达　💰20元

倒生根公园，位于普洱市思茅区中心，因有一棵长有倒生根的奇特大榕树而得名。倒生根公园内的这棵大榕树非常奇特，这棵高大的榕树，当地人们赋予它众多的美称："倒生根"、"一树春秋"、"独树成林"等。此榕树，经过800多年的生长，现已形成五棵相连在一起的榕树，最大一棵主干需要六人才能相围，最小一棵也要三人才能相围，整棵榕树占地约300平方米。每年秋天，生长在东边的三棵榕树，结满一串金黄色、粉红色的榕树果，引得不少小鸟飞来啄食、栖息；而生长在西边的两棵榕树，却是青枝绿叶，另一番景象，这种在同一棵树上，同时呈现春、秋两季的景象，实属罕见，因此，每年秋季这棵大榕树都招来不少游人观赏。

6 上允角文化旅游村

傣族文化的村寨

★★★★ 赏

上允角文化旅游村是一个历史悠久的傣族村落，它有700多年的历史，至今仍保留着傣族古老的特色和风韵，同时，也保存着我国现存最完整的傣族民居建筑。在上允角村，游客不仅可以欣赏独特的自然山水，还可以体验古朴的民风民情，同时，还可以参与丰富多彩的民俗活动，了解傣族的服饰文化、饮食文化、手工艺技艺等。近年来，上允角文化旅游村成为东南亚旅游者寻古探幽、了解云南傣族历史文化、人文风情的理想之地。

📧 云南省普洱市孟连傣族拉祜族佤族自治县　🚌 乘普洱市客运站班车可达
📞 0879-7511013　¥ 25元

7 娜允古镇

75分！

我国最后一个傣族古镇

★★★★★ 逛

📧 云南省普洱市孟连傣族拉祜族佤族自治县　🚌 乘普洱市客运站班车可达　¥ 25元

娜允古镇，位于普洱市孟连傣族拉祜族佤族自治县，它是我国最后一个傣族古镇，距今已有700多年的历史了，现在被列为傣族历史文化名城。娜允古镇至今仍保留着傣族古城的特色和风韵，特别是娜允古镇的民居，是傣、汉两个民族的不同风格合璧的建筑群，很有特色。

娜允古镇蕴含着丰富多彩的傣族土司文化，例如饮食、服饰、节日、音乐、舞蹈、民俗等，近几年来，许多国外游客，特别是缅甸、泰国等国到娜允古镇访古溯源的游客日益增多。

8 孟连金塔

佛教圣地　★★★★★ 赏

✉云南省普洱市孟连傣族拉祜族佤族自治县　🚌乘普洱市客运站班车可达　📞0879-8871299　¥15元

　　孟连金塔，坐落于普洱市孟连傣族拉祜族佤族自治县的南垒河畔，它是一座佛塔，建于1997年，金塔由8座小塔环抱一座主塔构成，主塔高31.68米，每座塔均挂有风铃，每当风吹过，风铃便发出清脆的叮当声，让人感受到别样的佛国意韵。孟连金塔下有地宫，地宫四周壁画上有《西游记》的内容，但不知道为什么地宫只准男性进入。孟连大金塔还有附属建筑，附属建筑是四座环绕于塔基周围的方亭，四座方亭分别置于东、西、南、北不同的方位，分别供奉有东、西、南、北四大天王。

9 勐马瀑布

湖床陡壁上的瀑布　★★★★ 赏

　　勐马瀑布，位于普洱市孟连傣族拉祜族佤族自治县勐马镇东南面约3公里处，从勐马小寨往北，顺勐马小河溯源而上，箐沟中树木蓊郁，清澈的小河潺潺流淌，形成数个高低不等的小跌水，这些小跌水被看成是勐马瀑布的一部分，但并不是真正的勐马瀑布。继续上行不远处，有一高约35米，宽约5米的湖床陡壁上，水流凌空而下，周围数十米内飞沫如雾，凉气袭人，这便是著名的勐马瀑布；勐马瀑布瀑底形成深约6米的半圆形深潭，澄碧如玉，潭前巨石堆积，怪石嶙峋，每天来此的游人络绎不绝。

✉云南省普洱市孟连傣族拉祜族佤族自治县勐马镇　🚌乘普洱市客运站班车可达　¥20元

10 墨江北回归线标志园　90分！

太阳转身的地方　★★★★★ 赏

　　墨江哈尼族自治县是全国唯一的哈尼族自治县，北回归线从县城穿过，被誉为"太阳转身的地方"，墨江北回归线标志园，就位于此地。墨江北回归线标志园占地300亩，是一个融天文、地理、气候、植物等科普知识和园林艺术、民族文化、观赏旅游于一体的地理标志实体和旅游观光景点。

　　墨江北回归线标志园，以公元2038年北回归线的位置为主轴线，截北回归线上500米地段，其间以"太阳之路"、"夸父追日"、"北回归线之门"、"日晷广场"、"春夏秋冬"等建筑、雕塑为主体标志，形成了一个非常有纪念意义的空间。

📧 云南省普洱市墨江哈尼族自治县　🚌 乘普洱市客运站班车可达　📞 0879-4231351　💴 25元
🕐 7:00—17:00

11 墨江文庙

墨江最大的古建筑群　★★★★ 赏

　　墨江文庙，位于普洱市墨江哈尼族自治县城东北，是墨江最大的古建筑群。墨江文庙始建于清道光元年（1821年），历时10年之久建成，建成后的文庙坐北向南，占地面积7600平方米，由大门，泮池，新楼，五经楼，崇文阁，魁星阁，棂星门，星宿门，乡贤祠，名宦祠，东、西厢房，天子台，大成殿，后殿等建筑组成，全部建筑采用扣榫式结构，整个建筑气势雄伟，布局精巧，颇为壮观。

　　墨江文庙有"三奇"，非常值得游人观赏，第一奇是建筑所需木材为球香树，其特点是不会被虫蛀，也不会有蜘蛛拉丝；第二奇是文庙里最古老的一株树已有2500多年，几乎与孔子同年同长；第三奇是墨江文庙有神奇古老的传说，吸引不少人士前来朝拜。

📧 云南省普洱市墨江哈尼族自治县　🚌 乘普洱市客运站班车可达　📞 0879-4232900　💴 15元

12 双胞井

神秘的双井 ★★★★ 赏

双胞井，位于普洱市墨江哈尼族自治县城西部河西村，双胞井因井边茂密茁壮的双胞树而得名，因有饮用双胞井里的水可以生双胞胎的传说而出名。双胞井井水一年四季都保持充盈清澈，甘洌可口。正因为传说喝了双胞井的水会生双胞胎，致使许多求子心切的人慕名而来，只为喝一口双胞井水。

📧 云南省普洱市墨江哈尼族自治县 🚌 乘普洱市客运站班车可达

不过有一个现象的确奇怪，双胞井周边的村子，双胞胎特别多，这更给双胞井笼罩了一层神秘的色彩，很多人认为北回归线刚好从墨江县城穿过，可能是气候、地理等原因，才使这里的双胞胎很多。

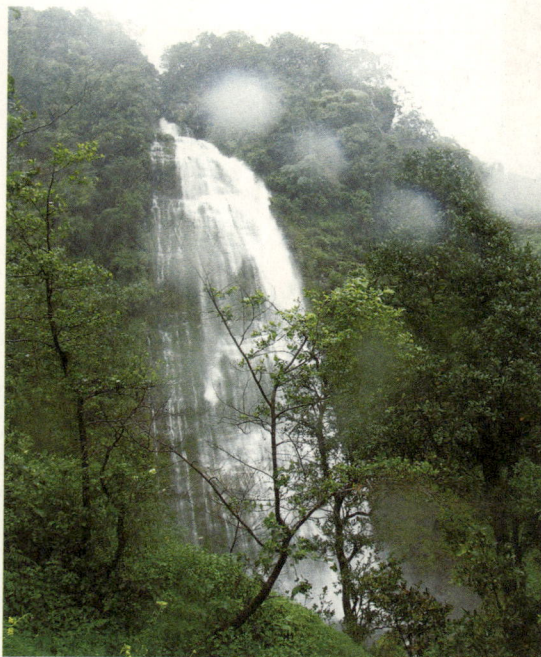

13 无量山自然保护区

野生动物的乐园 ★★★★ 赏

📧 云南省普洱市景东彝族自治县 🚌 乘普洱市客运站班车可达 📞 0879-2134847 🕐 8:00—18:00

无量山自然保护区，位于普洱市景东彝族自治县，其中无量山是云南著名的大山之一，而无量山自然保护区则是科考、探险、旅游观光的好地方。无量山自然保护区森林覆盖率高，不仅有各种松树树种，还有许多罕见的珍贵树种。无量山自然保护区独特的气候和环境，为鸟兽栖息、繁衍提供了良好场所，它常被人们称为"珍稀野生动物的乐园"。

无量山自然保护区，不仅自然风光秀丽，而且还有许多的人文景观，如无量山上有振文塔、林街清真寺、保甸清真寺等文物古迹，另外，无量山多瀑布，如有乌龟坝瀑布等。现在无量山自然保护区已不仅仅是个保护区，更是人们观光、旅游的风景区。

14 哀牢山—漫湾风景名胜区

具有"神奇的自然博物馆"之称 ★★★★★ 赏

哀牢山—漫湾风景名胜区，位于普洱市景东彝族自治县，它是一个生态保存完好的风景名胜区，风景区由"六区、一线"组成。六区分别指漫湾、哀牢山杜鹃湖、无量山荒草岭、大朝山、锦屏、仙人寨六个景区，一线指的是安定至漫湾一线。哀牢山—漫湾风景名胜区总面积160平方公里。景观以物种多样性、原始森林植被、珍禽异兽、奇花异卉、澜沧江大型电站、水库、造型地貌为主体，以民族文化、彝族风情、人文景观为辅衬，素有"神奇的自然博物馆"的美誉。是旅游观光、科研科考、探险登山的好去处。

✉ 云南省普洱市景东彝族自治县　🚌 乘普洱市客运站班车可达　📞 0879-6221170　💰 60元

15 普洱民族团结园

民族团结的象征 ★★★★★ 赏

普洱民族团结园，位于普洱市宁洱哈尼族彝族自治县，它是民族团结、边疆稳定的象征，现在成为爱国主义教育基地。民族团结园内的建筑精巧华丽、雕梁画栋、飞阁流丹，花木葱郁，环境古朴典雅；园内最大的亮点就是有享誉神州的新中国民族团结第一碑："民族团结誓词碑"。民族团结誓词碑，高142厘米，宽66厘米，厚12厘米，有字18行，虽历经沧桑，但仍保存完好。

✉ 云南省普洱市宁洱哈尼族彝族自治县
🚌 乘普洱市客运站班车可达
📞 0879-6571291

16 江城

一眼望三国的地方

★★★★★ 赏

江城是云南唯一与两个国家接壤的县，素有"一眼望三国"的美称，江城由于特殊的地理位置，旅游资源极其丰富；例如有三国交界的十层大山，有李仙江畔的亚热带雨林，有曲水乡的万亩胶园，有牛洛河的万亩茶园，另外，还有中老边境的7号界碑和整董镇的傣家竹楼等。在所有的景点中，最让游人感兴趣的是江城的十层大山，十层大山山顶，就是"一脚踏三国"的地方，在山顶上有一国界碑，正好是中国、越南、老挝三国的分界线，有着"鸡鸣三国"的趣味，站在山顶，三国风光尽收眼底。

✉ 云南省普洱市江城哈尼族彝族自治县 🚌乘
普洱市客运站班车可达 📞0879-3721627

✉ 云南省普洱市西盟佤族自治县
🚌乘普洱市客运站班车可达 ￥25元

17 阿佤山云海

千变万化的云雾

★★★★ 赏

云海是阿佤山独特的自然景观。阿佤山云海很有特点，一般午夜时分形成，持续到次日中午，绚丽多姿，变化万千。阿佤山云海是由于冬春季节冷暖空气相遇而形成的。阿佤山夜间辐射强烈，低海拔河谷的暖气与高海拔沿山下滑的冷空气相遇，导致了逆温层以下形成了厚厚的云海，太阳出来后，云海变得绚丽多姿，开阔的地方，如激浪翻滚的波涛；狭窄的隘口，如飘逸晃动的白纱；当阿佤山云海云开雾散之后露出来的阿佤山龙竹梯田、青松、芭蕉树和竹楼村寨，也是一道美丽的风景。

✿ 阿佤山天池

雨水汇成的池塘

阿佤山天池，位于阿佤山之巅，海拔2000米，天池并非高原断层湖泊，而是由山上一股小泉流入加上雨季积水形成，水面宽仅次于昆明翠湖，池水与绿树相互交融，相互衬托，形成幽静美丽的风景。

18 勐梭龙潭

天然的高原淡水湖泊

★★★★ 赏

云南省普洱市西盟佤族自治县 乘 普洱市客运站班车可达 ¥50元

　　勐梭龙潭，位于普洱市西盟佤族自治县城南，它是一个天然的高原淡水湖泊。现在以勐梭龙潭为中心，形成了勐梭龙潭风景区。勐梭龙潭风景区内的景点主要有龙摩爷、圣水泉、赕佛山、缅寺、相思树、野莲弯、祈雨洼等景点。关于勐梭龙潭还有一个传说。据传，勐梭龙潭与境外的缅甸"弄曲"龙潭水脉相通，每年的佤族木鼓节前后两地湖水同清同浊，人们认为这同清同浊的奇观是两地龙潭在相会，这无疑给勐梭龙潭增添了一层神秘的色彩。

19 贺井塔

南传佛教信徒的朝拜地

★★★★ 赏

云南省普洱市江城哈尼族彝族自治县 乘 云南省普洱市江城哈尼族彝族自治县 ¥10元

　　贺井塔曾是南传佛教信徒的朝拜地，贺井塔为傣语，意为祠塔，距今已有100多年的历史了，它是一座砖石三合土砌成的四层葫芦状方塔，塔身为砖体结构，高7.7米，第一层为方形，第二层如倒覆铜钟，第三层为上下对称的两个四方楼台，第四层形似四棱花瓶；全塔涂以金粉，并绘有民族图案，非常壮观、典雅。每年泼水节和赕佛期间，来此朝拜者络绎不绝。

20 茶马古道风景区

古代滇南的"茶盐之路" ★★★★ 赏

📧 云南省普洱市宁洱哈尼族彝族自治县 🚌 乘
普洱市客运站班车可达 ¥ 20元

茶马古道风景区，位于普洱市东南40公里处，它是一条铺就于崇山峻岭的石子大道，既是古代滇南的"茶盐之路"，又是"南方丝绸之路"的重要路段。当时的普洱茶、磨黑盐都由此道出境。

现在宁洱县保留有三处较完整的"茶马古道"遗址：一是位于同心乡那柯里村的"茶马古道"；二是位于凤阳乡民主村的"茶庵塘古道遗址"，长约2公里；三是位于磨黑镇孔雀坪的"孔雀坪地古道遗址"，长10余公里；沿古道而上，游人可以去体味"径仄愁回马，峰危畏如去"的意境。

21 迁糯佛寺

傣族小乘佛教寺院 ★★★★ 赏

📧 云南省普洱市景谷傣族彝族自治县永平镇迁糯乡大寨村 🚌 乘普洱市客运站班车可达 ¥ 5元

迁糯佛寺，位于普洱市景谷傣族彝族自治县永平镇西南部的迁糯乡大寨村，它是云南较大的傣族小乘佛教寺院之一。迁糯佛寺建于1778年，由山门、大殿、僧房、戒堂、膳堂等建筑组成，占地3960平方米。迁糯佛寺周围绿树成荫，环境幽美，是当地著名的旅游胜地。

22 芒玉峡谷

充满神秘色彩的峡谷　★★★★ 赏

　　芒玉峡谷，位于普洱市景谷傣族彝族自治县城西北面10余公里的地方，它是一个由于地质的塌陷作用和河水的长期冲击而形成的陡峭峡谷。芒玉峡谷内森林密布，气候宜人，景点繁多，如高山晒银、平台亲水、独立寒江、石门迎宾、千眼秋水、银河双飞、珍珠飘撒、一览群山、卧松迎客、雨林听蝉、茶马古桥等。现在根据地理特点及功能作用，芒玉峡谷分为三大观赏区，分别是大尖山观景区、森林探险区、水域徒步观光区。整个大峡谷集谷、山、石、水、林为一体，是集旅游观光、科学考察、探险、避暑、休闲健身等于一体的综合性旅游景区。

✉ 云南省普洱市景谷傣族彝族自治县　🚌 乘普洱市客运站班车可达　📞 0879-5220068　¥ 20元

23 糯福教堂

英国人修建的教堂　★★★★ 赏

　　糯福教堂，位于普洱市澜沧拉祜族自治县糯福乡西北300米处，它是一座由英国人修建的基督教堂。糯福教堂建于1922年，总面积506.6平方米，为拉祜族干栏式围廊建筑，平面呈纵向双十字形相连格局，正中为礼拜堂，左右四耳堂为拉祜文教堂，教堂下部有拉祜族干栏式脚柱江排129棵，呈梅花形排列，设计别致，风格奇异。

✉ 云南省普洱市澜沧拉祜族自治县糯福乡　🚌 乘普洱市客运站班车可达　¥ 5元

24 御笔山公园

山林公园　★★★★ 赏

✉ 云南省普洱市景东彝族自治县　🚌 乘普洱市客运站班车可达　¥ 10元

　　御笔山公园，位于普洱市景东彝族自治县川河坝子边缘，它是一个以御笔山为中心的公园。
　　御笔山山形秀丽，挺拔如垒，山上森林茂密，野花遍地。走在山中，阵阵山风吹来，让人感到神清气爽。伫立山顶，极目远眺，周围风光尽收眼底。现在御笔山公园已经成为当地人休闲、度假的首选之地。

大赏
云南

攻略HOW

云南

云南攻略 YUNNAN HOW

楚雄彝族自治州

　　楚雄彝族自治州，地处云南省中部，辖1个县级市、9个县；它属云贵高原西部，区内重峦叠嶂，诸峰环拱，谷地错落，溪河纵横，素有"九分山水一分坝"之称。楚雄彝族自治州，属亚热带季风气候，气候宜人，但由于山高谷深，气候垂直变化明显，形成"十里不同天，一山不同季"的自然景观。

楚雄彝族自治州 特别看点!

第1名!
元谋土林!
100分!

★ 千奇百怪的土柱子,可谓鬼斧神工,令人叹为观止!

第2名!
武定狮子山!
90分!

★ 远看像一头雄踞而视的狮子,素有"西南第一山"之称!

第3名!
太阳历公园!
75分!

★ 我国独一无二的彝族文化园!

---

1 紫溪山风景区
云南最大的森林公园 ★★★★ 赏

✉ 云南省楚雄彝族自治州楚雄市 🚌 从楚雄市包车可达 📞 0878-3024853 ¥ 35元

　　紫溪山整个山脉呈弯月形,历史上这里就是著名的佛教圣地,现在成为云南最大的森林公园。早在宋代以前紫溪山上就有"六十六座林、七十七座庵、八十八座寺"的说法。现在紫溪山风景区分成五部分,分别是紫溪园、万松林、紫顶寺、功德林、极登山民族风情区,紫溪山风景区是人们观光、旅游、度假的好地方。

2 元谋土林

100分！

千奇百怪的土柱子 ★★★★★ 赏

云南省楚雄彝族自治州元谋县　乘元谋县出租车可达　0878-8310000　￥40元　6:00—19:00

　　元谋土林，是一种土状堆积物塑造的、成群的柱状地形，因远望如林而得名。土林柱体高大挺拔，每根"林柱"均有独特的造型，形成了风姿各异的土林奇观。这些林柱，有的像古城堡，有的像殿宇，有的像宝塔，有的像巨剑冲天，有的像刀脊横地，有的像展翅欲飞的雄鹰，有的像奔驰的骏马，有的像戴头盔的赳赳卫士，有的像摇扇苦吟的书生，真可谓鬼斧神工，令人叹为观止。更奇特的是元谋土林上分布有密集的云母和石英等矿物质，在阳光的照射下反射出灿烂的光芒，更为土林增添了绚丽的色彩。元谋土林不仅具有极高的欣赏价值，同时它还具有很高的科研价值，因为它反映了古地理变迁和地貌发育过程。

3 武定狮子山 ⟨90分！⟩

西南第一山

★★★★★ 赏

📧 云南省楚雄彝族自治州武定县 🚌 乘昆明汽车站班车可达 📞 0878-8711888
¥ 50元 🕐 8:00—18:00

　　武定狮子山，位于武定县城西，它素有"西南第一山"之称，其山势雄险，在蜿蜒起伏的丘陵中拔地而起，像一头雄踞而视的狮子，所以取名狮子山。狮子山上有一条历史悠久的石级，沿石级可以登上山顶，石级沿途有很多景点，例如有苍老遒劲的迎客松，有峻峭惊险的观日亭，有造型粗犷的蛇头岩，有山岚掩映的双笋峰，有神秘诱人的观音洞，还有人工雕琢环境幽雅的礼斗阁、月牙塘。这些遍布于山间的景点，仿佛把人们带到了一个奇妙的世界。如今每当天气晴朗的凌晨，总有很多的游客沿着石级来到狮子山观日亭，观看狮子山日出，狮子山日出美不胜收，非常迷人。

4 永仁方山

方方正正的山峰

★★★★ 赏

📧 云南省楚雄彝族自治州永仁县 🚌 乘永仁客运站班车可达 📞 0878-3394899
¥ 10元 🕐 9:00—18:30

　　永仁方山，位于楚雄州永仁县城东北面，距永仁县城16公里，方山山形独特，无论从哪个方向来看，都是方方正正的，因而得名。方山景区风光秀丽，古迹众多，其景点有诸葛营、望江岭、七星桥、珍珠滴水岩、犀牛塘、静德寺、乌龟碑以及仙人洞、比丘尼塔、立象峰、活佛寺、下棋岩、武侯石壁等。如今永仁方山可谓集险峻、古朴、幽雅、秀丽于一山，融山川、自然、历史、人文、宗教、民俗于一体，是避暑、度假、旅游胜地。

⑤ 太阳历公园 75分!

彝族优秀文化的窗口 ★★★★★ 赏

✉ 云南省楚雄彝族自治州楚雄市　🚍 乘3、6路公共汽车可达　📞 0878-3398654　￥ 15元　🕐 8:00—18:00

　　太阳历公园，位于楚雄市北部，它是一个独具特色的彝族文化园，它以古历法为主要标志，荟萃彝族文化于一园，被称为彝族优秀文化遗产的大观园和动态博物馆。彝族是我国历史悠久的古老民族，在数千年人类文明发展长河中，彝族人民创造了璀璨夺目的民族文化。彝族十月太阳历就是彝族文化中的一大瑰宝，也是中华民族远古文明的智慧结晶。太阳历公园就是充分展现彝族文化的公园，现在太阳历公园具有多种功能，公园内可以进行民族文化研究，民族风情展演，民族艺术交流，还可以供群众观光、休闲和娱乐。

6 虎跳滩土林

五彩缤纷的土林

★★★★★ 赏

✉ 云南省楚雄彝族自治州元谋县物茂乡 🚌 乘元谋客运站班车可达 ¥80元

　　虎跳滩土林，位于楚雄彝族自治州元谋县城西北32公里的物茂乡，总面积达3平方公里，远看像一座巨大的城堡，近看则像一幅天然的艺术群雕花。虎跳滩土林高度一般在15米左右，最高达27米，形状以城堡状、屏风状、帘状为主，颜色有红色、黄色、白色、褐色等，五彩缤纷，千奇百怪。

7 姚安路军民总管府旧址

高土司衙门

★★★★ 赏

　　姚安路军民总管府旧址，也称"高土司衙门"，它位于楚雄彝族自治州姚安县光禄古镇，是一座典型的古代宫殿式的建筑，在历史上，它曾是军事重地。姚安路军民总管府旧址由正堂、过厅、门厅等组成，整个建筑呈两个四合五天井。其中很引人注目的是，旧址上的戏台楼，戏台楼面阔七间，台口向内，正中有一石牌坊，横额为"高让公故里"，两柱有联："九爽七公八宰相、三王一帝五封侯"，这副楹联充分体现了姚安路军民总管府旧址的历史韵味。

✉ 云南省楚雄彝族自治州姚安县光禄古镇 🚌 乘姚安县出租车可达 ¥50元 🕐 9:00—17:00

楚雄彝族自治州

8 姚安龙华寺
古代宫殿式的佛寺 ★★★★ 赏

云南省楚雄彝族自治州姚安县光禄古镇 乘乘姚安县出租车可达 0878-5810413 15元

　　姚安龙华寺，也称活佛寺，位于楚雄彝族自治州姚安县城北12公里的光禄古镇西山麓，它是姚安县至今保存较好的古代建筑群之一。龙华寺，始建于五代后梁开平元年（907年），是古代宫殿式建筑，目前龙华寺保留的建筑有正殿、两厢、过道、钟鼓楼、后轩、园通楼等大小房近百间。来到龙华寺最显眼的是其正门上的一副对联："佛生极乐世，山壁大唐年"，横额为"龙华古刹"。每年农历二月初八龙华寺举行"龙华会"，三天会期内各地游人、香客纷纷而至，日达数万人，非常热闹。

9 德丰寺
保存完好的明代建筑 ★★★★ 赏

云南省楚雄彝族自治州姚安县栋川镇德丰路 乘从姚安县包车可达 10元

　　位于楚雄彝族自治州姚安县栋川镇的德丰寺是目前楚雄彝族自治州内保存完好的明代建筑。德丰寺始建于明永乐二年（1404年），寺院占地面积5215.75平方米。

　　寺内装置18扇格子门，供奉有铜铸释迦牟尼佛像，还有一尊被称为"老睡像"的佛像。德丰寺现在还设有博物馆，馆内保存600余件珍贵历史文物，其中最珍贵的是德化铭碑，德化铭碑刻于宋大理国元亨二年（1186年），为云南八大名碑之一。

10 大姚白塔
屹立千年的古塔 ★★★★ 赏

云南省楚雄彝族自治州大姚县 乘乘大姚县出租车可达 5元

　　大姚白塔，位于大姚县城西的文笔山顶，它属于藏式喇嘛塔，是古代南诏国盛行佛教时的遗物。大姚白塔因塔身通体粉白，所以称为白塔，大姚白塔迄今已有1000多年的历史，白塔高18.4米，分为三层，是一个空心的砖塔，顶部为圆锥形，腰部收缩，上大下小，造型是典型的古印度佛塔样式。白塔历史上曾经历过数次地震，仍安然屹立，但损坏严重，20世纪80年代重修，重修时发现了带有文字的砖块，这对于研究大姚白塔的历史很有价值。大姚白塔在云南仅此一座，因被看成是云南早期舍利塔的实物例证，所以冠以"宝塔"之称。

11 石羊古镇
云南三大名镇之一 ★★★★★ 逛

石羊古镇，古称白井，位于大姚县西北部，它是一个历史悠久、文化底蕴深厚的小镇，也是云南省第一批公布的三个历史文化名镇之一。石羊古镇不但汇集中原文化和彝族文化，还体现了儒家文化，佛教、道教、伊斯兰教等宗教文化。古镇内历史古迹众多，如古老的南北二塔、古街巷、古盐井、晒盐篷、古民居等，其中最引人注目的莫过于镇内的"七寺"、"八阁"、"九座庵"。现保存完好的有观音寺、圣泉寺、方殊阁、锁水阁、玉皇阁。

✉云南省楚雄彝族自治州大姚县 🚌从大姚县包车可达 ☎0878-6222322 ¥20元

🌸 石羊孔庙
中国最大的孔子铜像

石羊孔庙，是石羊古镇内著名的名胜古迹，它始建于明朝初年，占地1000多平方米，以大殿为主体，保存有朱子阁，诵经阁，乡贤祠，月拱桥，大理石壁画、石刻等。石羊孔庙非常引人注目的是庙内的孔子铜坐像，铸于康熙年间，历经9年完工，高2.3米，净重2.5吨，这是中国最大的孔子铜像。

160

世界恐龙谷景区
12

一个失落的侏罗纪时代 ★★★★★ 玩

世界恐龙谷景区，不仅是一个旅游风景区，还是一个科普考古区，因为它似乎重现了一个失落的侏罗纪时代。世界恐龙谷景区距禄丰县城25公里，景区面积达1平方公里，主要由"恐龙遗址科考观光区"和"侏罗纪世界旅游区"组成，在世界恐龙谷，游客可以走进恐龙王国、穿越侏罗纪时代、解读地球生灵的兴衰演变，还可以目睹留存亿万年的世界奇观。近年，来世界恐龙谷景区的游客越来越多，走进恐龙谷，就仿佛走进了侏罗纪时代。

✉云南省楚雄彝族自治州禄丰县 🚌乘禄丰县出租车可达 ☎0878-3121779 ￥120元 🕐8:00～18:00

云南

攻略 HOW

云南攻略 临沧市

　　临沧市，地处云南西南部，下辖1个市辖区、4个县、3个自治县；临沧市不但是中国佤文化的荟萃之地，而且还是世界著名的"滇红"之乡；临沧市有着灿烂无比的民族文化和神奇的古代文明。

临沧市 特别看点!

第1名!
沧源崖画谷!

100分!

★是我国目前发现的最古老的崖画之一,被中外史学家誉为"哀牢地新大陆"!

第2名!
翁丁佤族村落!

90分!

★是迄今为止保存最为完好的原始群居村落之一!

第3名!
景戈白塔!

75分!

★中缅友好的见证和象征!

---

1 临沧茶文化风情园

茶艺文化园 ★★★★ 赏

临沧茶文化风情园是一个集旅游、休闲、娱乐于一体的综合性人文旅游景区。临沧茶文化风景园,占地约110公顷,园内主要展示了我国古老的茶道、茶艺、茶经、茶礼、茶俗、茶歌、茶舞等茶文化,游览临沧茶文化风情园,不仅能使游客了解我国源远流长、博大精深的茶文化,还可亲自体验采茶、制茶的乐趣,领略多姿多彩的民族风情。

✉云南省临沧市临翔区茶苑路1号 🚖乘临沧市出租车可达出租车 ☎0883-2151007 ¥15元

② 临沧西门公园

综合性游乐园

★★★★★ 逛

临沧西门公园是临沧市首创的综合性公园。公园占地3.8公顷，园内设动物园、花卉观赏区、人工湖、茶室及游乐场等景点，公园内一年四季绿树成荫，风景如画，是难得的休闲、观赏、文化娱乐活动的场所。

✉ 云南省临沧市临翔区公园路1号 🚍 乘912、943路公共汽车可达 ☎ 0883-2122713
¥ 30元 🕐 8:30—17:00

✉ 云南省临沧市临翔区 🚍 乘临沧市出租车可达 ☎ 0883-2135192 ¥ 10元

③ 子孙庙

道教建筑群

★★★★ 赏

子孙庙，位于临沧市临翔区凤翔镇章嘎村，它是临沧市唯一保存完好的道教建筑群。子孙庙，始建于清雍正七年（1729年），占地面积约26000平方米，庙内有观稼楼、观音殿、子孙殿、上院厢房等数十个景点，现在庙内经常举行各种宗教活动。

④ 五老山森林公园

如老人列坐的山脉公园

★★★★ 玩

五老山森林公园，位于临沧市东部，为国家级森林公园。五老山因山上的五座山峰远观如老人列坐闲谈而得名，五老山海拔2583米，植被为典型的常绿阔叶林，林间有众多的野生花卉和珍稀动物。五老山森林公园以五老山为中心，设置了许多人文景观，如筑有"绿林湖"水库，铺有山荫栈道，建有五峰亭、厦片亭、草亭、瞭望塔等建筑。这些人文景观与五老山的自然风景完美融合在一起，构成了五老山森林公园独特的景观。

✉ 云南省临沧市东郊 🚍 乘临沧市出租车可达 ☎ 0883-2134700
¥ 30元 🕐 8:00—18:30

5 凤山公园

建在山上的公园 ★★★★ 赏

凤山公园，位于临沧市凤庆县的凤山上，凤山像一只巨大的凤凰向着东方升起的太阳展翅起飞，因而得名。凤山公园占地百余亩，园内森林茂密，古树参天，风景宜人。近年，凤山公园又设置了许多的人文景点，如登山石级、凉亭、茶花女塑像和金凤凰腾飞的雕塑等。其中文庙是凤山公园内最著名的景点之一，文庙古建筑占地1.2万平方米，为云南第二大孔庙，文庙由鸣凤阁、棂星门、龙门等建筑沿一中轴线组成，整个建筑布局严谨合理，技艺精湛，它被看成是凤庆历史文化的一个缩影。

✉ 云南省临沧市凤庆县 🚍 乘凤庆县出租车可达 📞0883-4211861
💰10元 🕐8:00—18:00

6 羊槽古生物化石遗址

化石博物馆 ★★★★ 赏

✉ 云南省临沧市镇康县
🚍 从镇康县包车可达
💰15元 🕐9:00—17:00

羊槽古生物化石遗址，位于临沧市镇康县，羊槽古生物化石为第四纪古生物化石。羊槽古生物化石遗址有剑齿象、巨貘、犀牛、鹿、熊等化石，还有灵长类动物牙齿化石，这些生物化石具有极高的考古价值，同时，也具有很高的旅游价值。

7 翁丁佤族村落

保存完好的原始村寨 ★★★★★ 逛 90分！

翁丁佤族村落，位于临沧市沧源佤族自治县勐角乡翁丁村，它是迄今为止保存最为完好的原始群居村落之一。翁丁村不但保留了原始佤族民居建筑风格和原始的佤族风土人情，而且翁丁佤族村落周围自然景观几乎都处于原生态状态，不加修饰的翁丁佤族村落的风景、民俗，吸引了众多游人到此观光、体验。

✉ 云南省临沧市沧源佤族自治县勐角乡翁丁村 🚍 从沧源佤族自治县城包车可达 💰25元

8 南伞跨国溶洞
一洞跨两国 ★★★★ 赏

📧 云南省临沧市镇康县南伞镇
🚌 乘镇康县出租车可达
📞 0883－6630101 ￥10元

南伞跨国溶洞，位于临沧市镇康县南伞镇东南3公里的中缅边境线上，是云南乃至全国唯一的"一洞跨两国"的溶洞。南伞跨国溶洞占地面积400公顷，溶洞全长2公里，洞内景色斑斓，怪石密布，景观奇特；洞外山岭纵横绵亘，沟壑幽深，植被茂密。

9 临沧青龙桥
架在澜沧江上的铁索桥 ★★★★ 赏

临沧青龙桥，坐落在凤庆县城东的澜沧江上，它是澜沧江上现在唯一的一座铁索桥。青龙桥，始建于清乾隆二十六年（1761年），全长93.52米，宽3米，桥身距江面高15.64米，桥体由16根铁索构成，上铺木板，两端各有桥亭5间，青瓦白墙，飞檐翘角，形态壮观。桥岸边有摩崖题刻数处，刻有许多文人的诗词对联，现在保存最为完整的对联有"笔扫千军，题桥早已羞司马；图开八阵，排石还当伐卧龙"，由此可见青龙桥在历史上就有重要的地位。

📧 云南省临沧市凤庆县鲁史镇
🚌 从凤庆县包车可达 ￥10元

10 沧源崖画谷
（100分！）
一日三变的岩画 ★★★★★ 赏

沧源崖画谷，位于临沧市沧源佤族自治县以北20多公里处的佤族村寨勐来乡，是我国目前发现的最古老的崖画之一。沧源崖画谷具有3500多年历史，崖画均在海拔1500米左右的山崖上。岩画的内容多为人物、动物、房屋、道路、树木、太阳、云朵、山峦、大地等，构图简练，粗犷豪放，栩栩如生，这些岩画生动形象地展现了远古先民狩猎、放牧、村落、战争、舞蹈、杂技及宗教祭祀等活动。沧源崖画有一个奇特之处，就是它会随日照时间、天气阴晴、干湿冷暖等因素不断地变幻色彩，当地佤族和傣族人说它是"一日三变，早红午淡，晚变紫"。沧源崖画对研究古代民族历史、宗教、文化、艺术等具有重要的价值。

📧 云南省临沧市沧源县 🚌 从沧源县包车可达 📞 0883-7124688
￥25元 🕘 9:00－18:00

11 南滚河自然保护区

热带雨林保护区　　　　　　　　　　　　　★★★★ 赏

　　南滚河自然保护区，位于临沧市沧源佤族自治县西北部，它是云南省5个国家级保护区之一。

　　南滚河自然保护区占地5000公顷，保护区内森林植被保存完好，名木古树上百种，如桫椤、董棕、见血封喉树、铁杉、铁力木等。保护区内野生珍稀动物繁多，例如金钱豹、亚洲象、孟加拉虎、金丝猴、长臂猿、大蟒、巨蜥等。南滚河自然保护区是我国不可多得的热带雨林保护区，也是科考、探险、生态、观光旅游的绝好景点，近年保护区内和湖北神农架一样，有"野人"的传说，虽然至今没人能证实"野人"的存在，但这一传说吸引不少游客慕名前来，一探究竟。

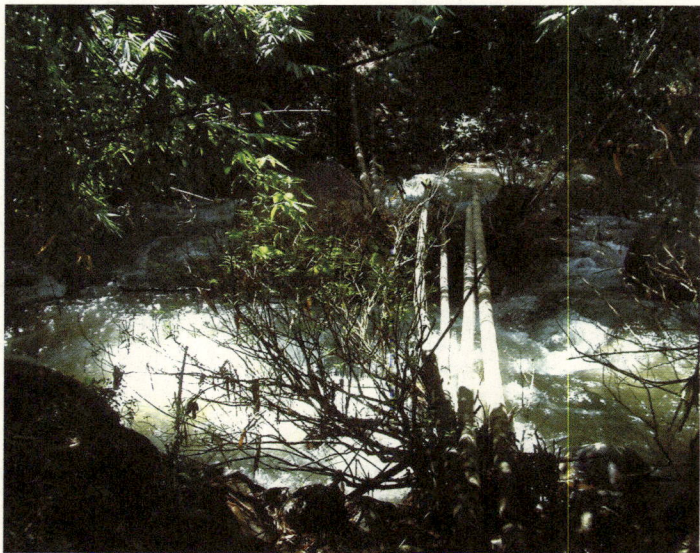

✉ 云南省临沧市沧源佤族自治县
🚌 从沧源佤族自治县城包车可达
☎ 0883-7591015　🕐 8:00—18:00

12 沧源佤山风景名胜区

佤族自然山水风情区　　　　　　　　　　★★★★ 赏

　　沧源佤山风景名胜区是我国典型的佤族自然山水风情旅游区，风景区总面积147.34平方公里，由勐来、南滚河、勐董、拉勐河、班列五个小景区和勐省—茫卡南游览线组成，共有景点199个。沧源佤山风景名胜区内珍禽异兽出没，溶洞迷宫成群，日出彩霞满天，云海变幻莫测等，每一景观无不让游客流连忘返，另外，景区内独特浓郁的佤族风情，丰富多彩的服饰工艺，闻名遐迩的崖画文物等人文景观，也非常受游客的欢迎。总之，沧源佤山风景名胜区作为旅游后起之秀，是观光、度假、科考的理想之地。

✉ 云南省临沧市沧源佤族自治县　🚌 从沧源佤族自治县城包车可达　☎ 0883-7121773
💴 35元　🕐 8:00—18:30

⑬ 广允缅寺
小乘佛教寺庙 ★★★★ 赏

　　广允缅寺，俗称"学堂缅寺"，为小乘佛教建筑，大约建于清代，现主要存有大殿和两扇大门。值得一提的是广允缅寺大殿，广允缅寺大殿呈纵式布局，面阔14.8米，进深24.4米，为穿斗式木架结构，由一围廊式殿堂和一重檐亭阁勾连而成。从大殿的建筑风格来看，它较多地受到汉族建筑风格的影响，是汉式建筑外形与傣族庭院内部装饰的有机结合。广允缅寺由于在历史、人文、宗教方面占有重要地位，因此被国务院列为全国重点保护文物。

✉云南省临沧市沧源佤族自治县 🚌乘沧源佤族自治县出租车可达

⑭ 耿马南汀河风景名胜区
四片一线组成的景区 ★★★★ 赏

　　耿马南汀河风景名胜区，位于临沧市耿马傣族佤族自治县城郊，总面积约146平方公里，由四片一线组成，即孟定片区、景戈片区、福音山片区、清水河片区和孟省—清水河旅游线。

　　耿马南汀河风景名胜区有各具特色的景观，例如风光秀丽的孟定坝亚热带风光，郁郁葱葱的原始热带雨林景观，以及珍稀濒危的植物景观。同时，还有众多的佛寺、白塔、岩画、古人类穴居遗址等人文景观，耿马南汀河风景名胜区真是风光无限。

✉云南省临沧市耿马傣族佤族自治县 🚌从耿马傣族佤族自治县城包车可达 ¥40元 🕐8:00—18:30

☒云南省临沧市耿马傣族佤族自治县
🚍乘耿马傣族佤族自治县出租车可达

15 耿马白马广场

耿马县城的重要标志 ★★★★★ 赏

耿马白马广场，位于临沧市耿马傣族佤族自治县中心位置，它是耿马人们欢度节日、举行重大庆祝活动的地方，也是人们茶余饭后的休闲游览之地。耿马白马广场占地面积17333.3平方米，广场上有许多富含文化的人文景观，如在白马广场正面入口处，有一飞马雕塑，展现了一幅耿马各民族发展的历史画卷，画卷的主题由"远古呼唤"、"边城新曲"、"世纪畅想"三部分组成，每一部分都是一幅生动的画面。另外，广场上还有一尊白马雕塑，白色骏马呈腾空而起的姿态，既暗含了耿马的美丽传说，又象征着耿马各族人民昂首阔步奔小康的精神风貌。

16 同护佛寺

佛光宝地 ★★★★ 赏

☒云南省临沧市耿马傣族佤族自治县贺派乡莫陆村 🚍从耿马傣族佤族自治县城包车可达 📞0883-2127788 ¥20元

同护佛寺，位于耿马傣族佤族自治县贺派乡莫陆村寨中，佛寺占地3333.3平方米，目前寺内保留的主要建筑有大殿、厢房、戒堂、僧舍、藏经阁、门亭等，这些建筑布局完整，像一座小宫殿。关于同护佛寺还有一段神奇的传说，传说很早以前，一苦行高僧手持金佛像，按佛经指引，云游到此，发现了一处供奉金佛的佛堂，他每日拜佛诵经，一日，金佛显灵，高僧得道成仙，当地人们知道后，认为这里是佛光宝地，于是在此地建起佛寺，即同护佛寺。

17 景戈白塔 (75分！)

中缅友好的象征 ★★★★★ 赏

　　景戈白塔，位于临沧市耿马傣族佤族自治县耿马镇，它是中缅友好的见证和象征。景戈白塔，始建于清乾隆年间，至今已有200多年的历史，它曾遭到几次大的破坏，如今的白塔是20世纪80年代后按照原样重修的，重修后的塔基呈六边形，边长25米，主塔高30.3米，与周围代表一年12个月的12座副塔簇拥成群，气势恢宏。站在塔前，两尊麒麟，昂首啸天，好似白塔护神，非常威严；立身塔下，放眼望去，田园村舍、山水城郭和耿马镇景致尽收眼底。

　　现在当地还有"赶白塔"的习俗，"赶白塔"期间，四方各族群众纷至沓来，扶老携幼，聚会白塔之旁，善男信女们在白塔祭棚前点香敬供，乞求和平，避免战争。

✉云南省临沧市耿马傣族佤族自治县耿马镇　🚗乘耿马傣族佤族自治县出租车可达　💴5元

18 云县大朝山—干海子风景区

景点密集的风景名胜区 ★★★★ 赏

✉云南省临沧市云县　🚗从云县包车可达　💴30元

　　云县大朝山—干海子风景区，位于临沧市云县，景区总面积190.8平方公里，由温湾—温竹河、大朝山—大雪山、爱华镇、亮山天池四个景区及温湾—大朝山水陆游览线组成，共有景点129个。云县大朝山—干海子风景区内的景观，有巍峨雄奇的大雪山，莽莽苍苍的林海，漫山遍野的杜鹃，繁花似锦的木棉，温竹河上的三叠瀑，澜沧江上第一坝等，风景独特，气候宜人，是旅游观光的好去处。

19 石佛洞遗址

新石器时代的遗址

★★★★ 赏

云南省临沧市耿马傣族佤族自治县 乘从耿马县包车可达 ￥15元 9:00—17:00

　　石佛洞遗址，位于临沧市耿马县城南25公里处的小黑江畔，是新石器时代文化遗址，也是云南省规模最大的洞穴遗址。石佛洞，高大开阔，奇美壮观，尤其是1983年据考古发现洞内有新石器时代的石斧、石棒、陶器等，非常宝贵，为石佛洞增添了不少色彩，现在石佛洞遗址不仅成了著名的旅游景点，还成了许多佛教信徒朝拜的圣地。

20 甘东公园

在地震遗址上建起的公园

★★★★ 赏

云南省临沧市耿马傣族佤族自治县城南 乘耿马傣族佤族自治县出租车可达 0883-96927 ￥5元

　　甘东公园位于临沧市耿马傣族佤族自治县南部，这里原是一个傣族村寨，1988年"11·6"耿马大地震后，村民迁移，于是把此地开辟成了公园。公园依地势而建，北高南低，坡度较缓，园内分五个区域，即休闲游赏区、文化娱乐区、儿童游乐区、动物观赏区、水上游戏区，另外，园内还建有动物园、植物园、荷花池等20多个景点，现在甘东公园已成为当地有名的观光、休闲、娱乐场所。

21 永德大雪山风景区

千里冰封，万里雪飘

★★★★ 赏

✉云南省临沧市永德县 🚌从
永德县包车可达 ¥30元

永德大雪山风景区，位于临沧市永德县东北部，它是自然旅游、探险旅游的理想胜地。永德大雪山风景区的主要景点和景观有雪山河、老君殿、黑尖山、仙人洞、黄草坝、主峰石、杜鹃林、鼓墩山、蜜蜂村、瀑布、搭险石等。最值得观赏的要数永德大雪山，永德大雪山呈西北东南走向，绵延24公里，海拔3429米，它大部分被积雪覆盖，山上风景优美，一年四季风景如画。

22 双江万亩原生古茶树群

原始野生古茶树林

★★★★ 赏

双江万亩原生古茶树群，位于双江拉祜族佤族布朗族傣族自治县勐库乡，原始野生古茶树林，占地800公顷，约8万多株原生茶树，距今已有2500多年历史，是迄今为止发现的世界上面积最大、树龄最长、海拔最高的原生古茶树林，现在这里开辟成了景区，成为集科考、探险、生态观光旅游的理想场所。

✉云南省临沧市双江拉祜族佤族布朗族傣
族自治县勐库乡 🚌从双江拉祜族佤族布
朗族傣族自治县包车可达 ¥15元

大赏云南

攻略HOW

云南

德宏傣族景颇族自治州

　　德宏傣族景颇族自治州，位于中国云南省西部，下辖2个县级市、3个县。德宏傣族景颇族自治州位于横断山脉西南部，地势的基本特点是东北高而陡峻，西南低而宽缓；峻岭峡谷相间排列，高山大河平行急下，独特的地理环境、旖旎的自然风光，使德宏傣族景颇族自治州成为云南著名的旅游区域之一。

德宏傣族景颇族自治州 特别看点！

第1名！
勐巴娜西珍奇园！

100分！

★是集神奇、自然、绚丽于一体的大型生态园林公园，堪称"中国园林奇葩、华夏景观一绝"！

第2名！
瑞丽江！

90分！

★是我国西部一条重要河流，风光秀丽，无法比拟！

第3名！
姐告口岸！

75分！

★是我国云南省最大的边贸口岸，有"天涯地角"之称！

---

1 中缅友谊街

国际商贸一条街　★★★★★ 逛

✉云南省德宏傣族景颇族自治州瑞丽市　🚍乘瑞丽市出租车可达　📞0692-4666692

　　"中缅友谊街"，简称"中缅街"，全长约1公里，在我国境内一段称"中缅友谊街"，在缅甸境内一段，边民们称其为"白象街"；在"中缅友谊街"中间，耸立着一座恢宏壮观、金碧辉煌、颇具民族特色的"国门"。大凡到过中国西南边陲美丽的瑞丽市的游人，无不慕名前往当地有名的"中缅友谊街"参观、购物。如今"中缅友谊街"已成为瑞丽市边贸口岸一道风景线和国际商贸的重要窗口。

2 畹町国家森林公园
动植物资源的活宝库　　　　★★★★ 赏

　　畹町森林公园是国家级森林公园，它占地面积198.9公顷，园内以亚热带森林为主，有天鹅湖、万佛寺等景点，并结合自然景观，配有人工景点与周围环境相呼应，是游人理想的休息、游乐场所。从园内可以俯瞰畹町全貌，更能观赏异国风光，除此以外，还能看到稀有动物游弋于公园里，如穿山甲、孔雀、蟒蛇、原鸡、狗熊、黑长尾猴等；园内还拥有石槲、树蕨、铁力木、酸梓木、柚木、高山小叶榕、树花生等珍稀植物。可以说，畹町国家级森林公园是一座动植物资源的宝库。

✉ 云南省德宏傣族景颇族自治州瑞丽市
🚍 乘瑞丽市出租车可达 📞 0692-2214118

3 畹町桥
中缅界桥　　　　★★★★ 赏

　　畹町桥是中缅两国交界河上的界桥，也是中缅两国人民通商互市、经贸文化交流的重要通道。

　　畹町桥建于1938年，在当时就很有名气，曾经有几十万中国远征军从这里进出境，有几百万吨军援物资从桥上通过运往内地，畹町桥当时是我国对外联系的重要国际交通口岸。近几年为了两国边贸发展的需要，对畹町桥进行了重修，畹町桥成了坚固的钢筋水泥桥，桥的两头分别驻有中缅两国的海关、边防检查站等，每天都有成百上千的两国商人通过此桥，桥上一派和平安宁的景象。

✉ 云南省德宏傣族景颇族自治州瑞丽市畹町镇 🚍 从瑞丽市包车可达 ¥ 10元

4 姐告口岸 75分!

云南最大的边贸口岸 ★★★★★ 赏

姐告口岸，系傣语，意为旧城，位于瑞丽市南面4公里处，面积1.92平方公里，是我国云南省最大的边贸口岸，有"天涯地角"之称。在姐告口岸，一排排崭新的民族商店和货棚，摆满了琳琅满目的日用百货及民族工艺品，使人眼花缭乱，姐告口岸万商云集，一片繁荣的景象。

✉ 云南省德宏傣族景颇族自治州瑞丽市南郊

🚍 乘瑞丽市出租车可达

5 姐勒金塔

瑞丽最古老的佛教建筑 ★★★★★ 赏

姐勒金塔，傣语称"广母贺卯"，意为在坝子马头的塔，它是瑞丽最古老的佛教建筑，也是瑞丽著名的旅游景点。姐勒金塔原来塔身用土坯建造，主塔高10余米，周围以数小塔围之，"文革"期间，毁于一旦，1981年重新开始修建新塔。新塔重现了旧塔原貌，新塔采用砖土结构，主塔较旧塔高10余米，外围小塔，依次渐小，主附塔顶均冠于金铂华盖，微风过处，风铃叮当，令人神往。姐勒金塔修复后，每年泼水节前，佛教徒都在此举行佛事。

✉ 云南省德宏傣族景颇族自治州瑞丽市金滇路 🚍 乘瑞丽市出租车可达 ¥30元

6 畹町生态园

生态旅游公园 ★★★★ 赏

畹町生态园，位于瑞丽市畹町经济开发区，它是一个以生态旅游观赏为特色的公园，生态园占地189600平方米，分为植物园、动物园、孔雀园、蟒蛇园、百鸟谷、生态标本馆等景区。

云南省德宏傣族景颇族自治州瑞丽市　乘瑞丽市出租车可达　¥15元　8:00—18:00

7 大等喊傣家村寨

傣族文化村 ★★★★★ 逛

云南省德宏傣族景颇族自治州瑞丽市　乘瑞丽市出租车可达　¥20元

大等喊傣家村寨，在瑞丽市西南19公里处，"等喊"，傣语意为堆金子的地方，因有两处叫"等喊"，所以，以大小区分。"大等喊"是个典型的傣家村寨，村寨内一片原始的风光，有一蓬蓬婀娜多姿的凤尾竹、有青葱蓊郁的宽叶芭蕉，傣家竹楼掩映其中，看上去犹如一幅优美的画卷。

喊萨奘寺

瑞丽农村最大的佛寺之一

喊萨奘寺，位于大等喊傣家村寨之中，它是瑞丽农村最大的佛寺之一，也是一座典型的干栏式建筑，雄伟美观，装饰绚丽多彩，尤其是寺顶和四壁绘有孔雀、白象、麒麟等吉祥物，还有梁上挂有许多五彩缤纷的长幡，把喊萨奘寺装点得富丽堂皇。每逢泼水节、开门节等节日，到这里拜佛的香客络绎不绝，多部电影、电视剧还将这里作为外景拍摄场地。

8 树包塔

树包着塔，塔拥着树 ★★★★ 赏

树包塔，也叫铁城佛塔，因被树根缠绕覆盖，故名树包塔。它是当地傣族建造最早的佛塔。树包塔，为实心的砖塔，塔身像一尊立地的金刚，威严气派，伟岸的菩提树像一把撑开的巨伞护住塔顶。粗壮的树冠手臂般伸向天空，古铜色的树干奇绝弯曲，紧紧裹住塔身，树壁犹如飞瀑落地，沐浴着塔基，树包着塔，塔拥着树，相互依存，相映成趣，形成了独特的树包塔奇观。

✉ 云南省德宏傣族景颇族自治州芒市 🚌 乘芒市出租车可达 ¥ 5元

9 德宏芒市菩提寺

小乘佛教的寺庙 ★★★★ 赏

德宏芒市菩提寺是小乘佛教的寺庙，始建于清康熙十六年（1677年），其面积3600平方米，相传当时长官的大儿子舍弃官位，削发为僧，修建此寺，因寺前是一株很大的菩提树，便借树取名为菩提寺。

菩提寺的建筑很特别，它集傣式、汉式、梵式建筑风格于一体，构思别致，制作精巧，实为我国建筑艺术百花园中的一朵奇葩。菩提寺不仅是僧人念经、教徒朝拜的地方，而且是傣族民间艺术的一座宝库，这些艺术不仅体现在建筑、装饰、雕刻上，还体现在寺内珍藏的许多傣族不同时期的艺术珍品上，如灿烂夺目的壁画，种类繁多的剪纸，内容浩瀚的万卷经书等。

✉ 云南省德宏傣族景颇族自治州芒市 🚌 乘芒市出租车可达 ¥ 15元

⑩ 勐巴娜西珍奇园

（100分！）

我国园林的奇葩

★★★★★ 赏

勐巴娜西珍奇园，被称为我国大西南的植物基因宝库。园内有多个专门的奇花异草，如榕树园、三角梅园、紫薇园、桂花园、鸡蛋花园、盆景园、桫椤园等。值得一提的是园中的珍奇园，它有四项全国之最，如园内百年古树、树化石、树化玉数量之多，在全国都很罕见。勐巴娜西珍奇园作为一处大型生态园林景区，被评价为"中国园林奇葩、华夏景观一绝"。

✉ 云南省德宏傣族景颇族自治州瑞丽市 🚍 乘瑞丽市出租车可达 📞 0692-2137888 ¥ 30元 🕐 8:00—18:00

⑪ 芒市三仙洞

天然形成的溶洞

★★★★ 赏

✉ 云南省德宏傣族景颇族自治州芒市 🚍 从芒市包车可达 ¥ 20元 🕐 9:00—17:00

　　三仙洞，位于芒市东南41公里处，它是一个挂在半山悬崖绝壁上的天然溶洞，三仙洞并不是有三个溶洞，而是因为洞中有三个貌似狐仙的岩石，所以取名三仙洞。

　　三仙洞分上、下两层，高达30米，横跨50米，游路曲折，景观独特，洞中分布有石笋、石钟乳、石柱、石幔、石花等景观，千姿百态，蔚为大观。现在洞前建有亭台楼阁，并凿有游廊与三仙洞相通，每天游人都很多，偶尔甚至将游廊堵得水泄不通。

12 瑞丽江

中缅两国界河 ★★★★★ 赏

（90分！）

瑞丽江，也称雾水河，是云南省西部的一条重要河流，它发源于腾冲县内高黎贡山，在瑞丽区内长53公里，宽150米左右，瑞丽江畔山清水秀，竹茂林幽，风光十分秀丽迷人。

瑞丽江有三段不同的风光，三段分别是遮放段、畹町段、瑞丽段。遮放段，属平坝河流，江岸椿树、凤尾竹、傣家竹楼，一片农村田园风光。畹町段，属峡谷河流，这一段，山高谷深，非常适合探险。瑞丽段，大部分为中缅两国界河，江水荡漾，波光粼粼，江面野鸭、白鹭群起群落，风光极其美丽，另外，瑞丽段非常适合开展漂流。

✉ 云南省德宏傣族景颇族自治州瑞丽市　🚌 从瑞丽市包车可达　📞 0692-4121176　💴 20元

13 允燕佛塔

小乘佛教佛塔之一 ★★★★ 赏

✉ 云南省德宏傣族景颇族自治州盈江县　🚌 乘盈江县出租车可达　💴 15元

允燕佛塔，又称曼勐町塔，位于盈江县城东1公里的允燕山上，它是云南小乘佛教最重要的佛塔之一，"允燕"是傣语，意为吉祥、欢跃、令人向往的地方。允燕佛塔，始建于1947年，塔底部占地面积400平方米，由一座主塔和40座小塔组成，从塔基起，塔座分四层，逐层内收升高，托直圆锥塔体，高低错落，主次分明，气势雄伟，虽是近代产物，但古风浓郁。允燕佛塔四周，槐荫葱郁，竹林、芳草山药，奇秀青茵，与允燕塔相映成趣，美不胜收。

14 榕树王

云南省最大的一棵榕树 ★★★★ 赏

　　榕树王，位于德宏傣族景颇族自治州盈江县，它有近300年的树龄了，其树冠覆盖面积达3333.3平方米，树身奇大无比，数十人也合抱不了。它的主干上布满了块状根系，像山脉、峡谷，千沟万壑；树干上抛撒出一束束气根，如一条条巨蟒把头深深地扎进泥土之中，整棵树枝连枝、根连根，构成一个整体，给人"独树成林"的奇观，旅游者到此观看，无不惊叹称奇。

📧云南省德宏傣族景颇族自治州盈江县　🚌乘盈江县出租车可达　¥10元

15 凯棒亚湖游览区

生态旅游胜地 ★★★★★ 赏

　　凯棒亚湖游览区，位于德宏傣族景颇族自治州盈江县西北部，游览区分为两大部分，分别是自然景观游览区和自然游乐游览区。自然景观游览区主要由野生飞禽生态游览观光旅游区、岛屿观光游览区、亚热带果园观光游览区、水源自然观光游览区组成；自然游乐游览区由水上游乐区、山林野趣游乐区和野营活动区组成。

　　凯棒亚湖游览区的主体部分是凯棒亚湖，凯棒亚湖面积约8平方公里，湖内分布的大大小小近百座岛屿，犹如散落在湖里的一颗颗绿珠。另外，湖内设置有多种游玩项目，如渡筏、游艇、水上跳伞、水上空中滑索等活动。因此，来到凯棒亚湖游览区不仅可以饱览湖光山色美景，还可以体验各种游玩带来的返璞归真的感受。

📧云南省德宏傣族景颇族自治州盈江县　🚌乘盈江县出租车可达　¥35元

16 南甸宣抚司署

傣族的"小故宫"

★★★★ 赏

✉ 云南省德宏傣族景颇族自治州梁河县南甸
路103号 🚌 乘梁河县出租车可达
📞 0692-6161612 ¥ 15元 🕘 9:00—17:00

　　南甸宣抚司署是目前德宏州唯一的国家级文物保护单位，它宏大的古建筑群，在全国土司署中属于前列，人们称它为傣族的"小故宫"。南甸宣抚司署按汉式衙署式布置，由五进四院47幢149间房屋组成，占地面积10625平方米，其中戏楼、账房、大象楼、牢房、两厢楼、花园等保存得比较完整。

17 景罕玉兔佛塔

佛光宝地

★★★★ 赏

　　景罕玉兔佛塔，位于陇川县景罕镇，为小乘佛教朝圣的地方。该塔建于明代，由一大八小共九座涂金笋状佛塔组成，是印度、缅甸、泰国佛教所公认的佛光宝地，因此，景罕玉兔佛塔在东南亚国家中都具有较高的知名度。每年傣历四月十五日（农历正月十五日）开始，这里举行盛大集会，历时三天，俗称"广母（佛塔）摆"，国内外游览者达数万人。

　　景罕玉兔佛塔，四周古树参天，遮天蔽日，登上佛塔，陇川坝子无限风光尽收眼底，景罕玉兔佛塔不愧是一个观光旅游、修身养性的绝佳去处。

✉ 云南省德宏傣族景颇族自治州陇川县景罕镇 🚌 从陇川县包车可达 ¥ 15元

18 虎跳石与落水洞

闻名遐迩的自然奇观

★★★★★ 赏

　　在盈江县城西南34公里的坝尾山边，有一个绝妙的去处，这就是闻名遐迩的虎跳石奇观。数百米宽的大盈江，流到这里一下子收束成七八米，两岸冲天而立的石壁，像两扇半开的巨门，封住了大江的去路，狂怒的江水拍打着江中的乱石，激起了冲天的水柱和水花，发出雷霆般的轰鸣，翻卷着穿过石壁，其气势与壮观，很难用语言形容。难怪凡观赏过这奇观异景的人都要发出"不到虎跳石不算到盈江"的兴叹。

　　从虎跳石沿江而下，步行数百米，就到了落水洞。只见洞口乱石嶙峋，江水咆哮着往洞里猛灌，轰隆隆，江水穿过石洞，又从石峰中倾泻而出，撞着岩石，溅起翠玉般的水珠，再砸到岸边的石壁上，散成漫天的水雾，这一层层水雾，随风飘逸，在阳光的照射下，形成一条条五彩缤纷的彩虹，美丽极了。

🏠 云南省德宏傣族景颇族自治州盈江县 🚌 从盈江县包车可达 ¥30元

大赏
云南

云南

攻略HOW

云南攻略

YUNNAN HOW

保山市

　　保山市，位于云南省西部，辖1个市辖区、4个县；保山市四季气候温暖湿润，冬无严寒，夏无酷暑，素有"保山气候甲天下"的美称，因此保山市一直是游人度假、休闲、避暑的理想之地；保山文化底蕴深厚，从哀牢文化、永昌文化、民族文化，中原文化、抗战文化，到边地文化、异域文化、侨乡文化、兰花文化、翡翠文化、玉佛文化等都在这里融合和贯通，从而形成了内涵丰富、特色鲜明的保山文化。

保山市 特别看点!

第1名!
腾冲北海湿地保护区!
100分!

★ 是云南省唯一的国家湿地保护区,具有极高的生态旅游价值与科考价值!

第2名!
腾越文化广场!
90分!

★ 腾冲文化的展示中心,是腾冲县城风景独好的休闲游览场所!

第3名!
高黎贡山!
75分!

★ 集雄、奇、险、秀于一体的山脉!

---

1 怪龙潭
天文奇观
★★★★ 赏

　　怪龙潭,只是一个普通的水潭,只是由于它存在许多奇怪的现象,才被人们称为怪龙潭。怪龙潭位于高黎贡山上,海拔3000多米,龙潭两岸悬崖上怪石林立,四周则古树参天,这无疑使怪龙潭显得非常神秘。据说,游客来到怪龙潭大声喧哗,山间就会回声四起,接着电闪雷鸣,风雨交加,这便是怪龙潭的奇怪之处。

　　怪龙潭产生的神奇现象其实也不难解,高黎贡山高耸入云,绵亘百里,把从孟加拉湾来的暖湿气流挡住,所以除冬春少数时间外,山顶都被浓云笼罩,形成了雷雨的基本条件,如果积云尚未达到降雨条件,这时候如果有声、光、电和云雾的一些激发条件的话就会形成降雨了。

✉ 云南省保山市隆阳区　🚗 乘保山市出租车可达　¥ 25元

2 金鸡古镇

滇西著名的历史名镇　★★★★★　逛

云南省保山市隆阳区　乘16路公共汽车可达　¥70元

　　金鸡古镇，位于保山市东北部约10公里处，是滇西著名的历史古镇。相传金鸡古镇为秦相吕不韦后裔吕凯的故里，它占地1平方公里，古镇内的道路纵横交错，由此可见历史上它的繁华。金鸡古镇现在保留下来的主要建筑有石表、金鸡温泉、吕公祠、金鸡寺、卧牛寺、金鸡古戏台等。另外，近年在金鸡古镇还发现了大量的地下文物，主要为新石器文化遗址和东汉遗址，这些都说明金鸡古镇的历史悠久以及在历史上的地位。

3 宝莲寺

布局工整的寺院　★★★★　赏

云南省保山市隆阳区　乘保山市出租车可达　¥10元
9:00—18:00

　　宝莲寺，位于保山市隆阳区城东红花村，它的具体建筑年代不详，但清乾隆年间重建，现在所存的建筑，大部分属于清朝重建时所留下的。宝莲寺现存两殿，即正殿和中殿。正殿单檐硬山顶，通面阔13米，通进深10.4米，有南北厢；中殿面阔10米，进深7.5米。整个寺院布局有序，建筑考究，不但对研究保山市宗教具有一定意义，而且有很高的旅游价值。

4 滇西抗日阵亡将士纪念碑

人民英雄的丰碑　★★★★　赏

　　滇西抗日阵亡将士纪念碑，位于保山市隆阳区西南郊，它是云南十大抗战遗址之一。滇西抗日阵亡将士纪念碑始建于1947年，碑高1.5米，宽0.8米，像一把宝剑，直指苍穹。现在滇西抗日阵亡将士纪念碑仅存八角形基座和两块碑石题记，其中碑石题记主要记叙了1944年中国远征军收复被日军侵占的松山之战役经过及阵亡的3775名士兵和125名军官名录。滇西抗日阵亡将士纪念碑既是抗日战争的历史见证，也是人们纪念革命烈士的丰碑。

云南省保山市隆阳区西南易罗池　乘61、56、100、120路公共汽车可达

5 卧佛寺

名寺中的典范　★★★★　赏

卧佛寺，也称"云岩卧佛"，位于保山市城北15公里处，因寺中有一卧佛而得名。古人云：名僧、殿宇、宝像、山水，四者为寺庙之灵魂，得其一者即可成名寺，而卧佛寺可以说是集这四者于一体了。除了名僧、殿宇、宝像、山水外，卧佛寺最引人注目的便是卧佛了，卧佛佛体之大（全长6米，重约9.5吨，整体为汉白玉），造型之精，为中国之最。每天来卧佛寺的游人，总会在此驻足欣赏。

📧云南省保山市隆阳区　🚌乘10路公共汽车可达
💰5元

6 诸葛营遗址

诸葛亮南征的足迹　★★★★　赏

诸葛营遗址，位于保山市城南诸葛营村，相传它是诸葛亮南征驻扎的地方。诸葛营遗址呈长方形，东西长350米，南北宽300米，面积约10万平方米。现存北墙向西延伸，西墙向南延伸，墙底面宽14.5米，上宽8.9米，残高2.4米。近年在遗址中发现了不少东汉砖瓦，很有考古价值。诸葛营遗址，不但成为当地著名的名胜古迹，还为研究东汉时期社会经济及建筑提供了实物资料。

📧云南省保山市诸葛营村　🚌乘保山市出租车可达
💰20元

7 腾越文化广场

90分!

腾冲文化的展示中心　★★★★★　赏

腾越文化广场，位于保山市腾冲县西郊，它是一个以人文景观为主题的广场，是腾冲县休闲、观光的旅游场所。腾越文化广场被缓缓流过的腾越河分成两部分，两部分由石拱桥连接。腾越河西边的部分是一个绿化广场，广场内有大型的雕塑，即"高黎贡山母亲"，另外，还有城市森林。腾越河的东边部分，为文化区，这里建有博物馆、图书馆、文化馆、音乐喷泉、青少年科技活动中心、田径运动场等。其中最值得观赏的是音乐喷泉，音乐喷泉可以喷出跑泉、海鸥、圆形直流、直条形直流、古琴、穹形喷、向心拱喷、圆摇直流、花株等不同形状的水花，非常美丽。腾越文化广场作为腾冲县城的标志性建筑，现在已经成为群众文体活动的重要场所和游客旅游观光的重要景点，腾冲的大多数居民，几乎每天必到这里看书、休闲、娱乐、健身。

📧云南省保山市腾冲县西郊　🚌乘腾冲县出租车可达　📞0875-5151919

8 梨花坞

保山市的佛教圣地 ★★★★ 赏

云南省保山市西南郊　乘1、3路公共汽车可达　0875-2121129　¥15元

　　梨花坞，位于保山市西南郊的九隆岗下，它是清代尚书王宏祚所建，为保山市的佛教圣地。梨花坞已有300年的历史，因院内种满梨树，而得名。梨花坞还有一段传说，相传王宏祚富贵之后回乡探亲，在洞庭湖遇险，得到观音相救，为了感谢观音的相救之恩，便在此建立禅林佛院，塑观音大士像，以供世人朝拜，这就是现在梨花坞的来历。来到梨花坞，不但可以欣赏到梨花坞风光，还可以品尝这里的斋饭、斋席；每年农历二月十九日，六月十九日、九月十九日为观音会，梨花坞人来人往，特别热闹。

9 云峰山

直插云端的山峰 ★★★★ 赏

　　云峰山，位于保山市腾冲县西北50多公里的瑞滇乡，它以"山高谷深，陡峭险峻"而著称。云峰山虽然陡峭险峻，但爬上山顶并不困难，因为云峰山上修建有1000多级"三折云梯"直通山顶。三折云梯最陡处的石级几乎垂直，两旁又是万丈深渊，因此攀登此云梯，许多游人胆战心惊。登上云峰之巅，无论观日、观云、观山，都会使人心神摇荡，有种"飘然欲仙"的奇妙感觉。

云南省保山市腾冲县瑞滇乡　乘腾冲客运站班车可达　¥20元

10 阐化楼
道教洞经会的活动场所 ★★★★ 赏

云南省保山市　乘保山市出租车可达　¥30元　8:00—18:00

　　阐化楼，位于保山市西太保山东麓，它是当地道教洞经会活动场所，也是保山市重要的景点之一。阐化楼始建于明初，由两座四合院组成，占地面积717平方米。值得观赏的是阐化楼的正殿，阐化楼的正殿为穿斗式木结构，单檐歇山顶，前檐出抱厦，通面阔12米，通进深9.3米，看上去既精致又美观大方。

11 龙王塘公园
我国第一个农民公园 ★★★★ 赏

　　龙王塘公园，位于保山市城北15公里的郎义村，它是我国第一个农民公园，公园方圆1公里，三面环山，山清水秀，风景宜人。龙王塘公园最大的景点是龙王塘，又叫龙王泉，泉从石隙中涌出，分三股流向郎义村，并滋润着周边的万亩良田。

云南省保山市郎义村　乘保山市出租车可达　0875—2849383　¥2元　全天

12 保山玉佛寺
供奉玉质佛像的寺庙 ★★★★ 赏

　　保山玉佛寺，位于保山市腾冲县太保山的入口处，它原址是翠微楼，20世纪80年代，著名归国侨僧妙明法师开山建寺，修建了玉佛寺，玉佛寺改变了中国仅供奉四尊玉佛的局面。玉佛寺的建筑主要有山门、不二门、三圣殿、大雄宝殿、斋堂、僧舍、千佛玉佛塔、藏经楼、祖堂、韦驮殿、客堂等。寺内奉有多尊玉质佛像，如三世佛、地藏王菩萨、观世音菩萨、释迦牟尼佛等。

云南省保山市腾冲县　乘26路公共汽车可达　0875-2160338

13 腾冲北海湿地保护区 （100分!）

浮在水面上的草原 ★★★★★ 赏

腾冲北海湿地保护区，位于保山市腾冲县城西北，它是云南省唯一的国家湿地保护区，具有极高的生态旅游观光价值与科考价值。腾冲北海湿地保护区属高原火山堰塞湖生态系统，面积 16.29平方公里，四面环山，有大片漂浮于水面的陆地，这些陆地被丰美的水草覆盖，远远看去就像是五彩缤纷的巨型花毯。现在腾冲北海湿地保护区有整片整片的草甸，草甸各自浮在水面上，宛如一个一个的小草岛，很多游人脱了鞋赤脚走上"草岛"，感觉像踩海绵一样，别有情趣。

- 云南省保山市腾冲县西北
- 乘腾冲西门客运站班车可达
- 0875-5130102   ￥30元
- 8:00—17:00

14 来凤公园

充满诗情画意的公园 ★★★★ 赏

- 云南省保山市腾冲县南郊
- 乘腾冲县出租车可达   ￥免费
- 8:00—18:00

来凤公园，位于保山市腾冲县城南部的来凤山上，来凤公园的大门很有特色，大门由火山岩雕砌而成，古朴端庄，从大门右边的土路盘旋而上，便看到来凤公园的著名景点，即来凤寺。除了来凤寺以外，来凤公园的建筑还很多，有供人写诗作画的"翰墨娱情"室，有供文物、风情展览的"书城"上院，还有接待游人品尝腾冲素席的斋房等，都是游人喜欢去的地方。

15 高黎贡山 （75分!）
雄、奇、险、秀的山脉 ★★★★★ 赏

高黎贡山，位于保山市腾冲县，由于它特殊的地理位置和立体气候，鬼斧神工地塑造了许多雄、奇、险、秀的景观。

高黎贡山奇特之处，要从它的气候说起，它因地貌而形成了"山脚春意浓，山顶冰雪寒，一山分四季，十里不同天"的立体气候，因此在高黎贡山一山之内具有热带、温带、寒带的气候类型，同时形成了著名而罕见的垂直植被景观。

✉云南省保山市腾冲县 🚌从腾冲县包车可达
📞0875-2160338 ¥35元

高黎贡山的另一大奇观，就是奇峰怪石，山上群峰林立，奇峰怪石随处可见，如有和尚岩、人头岩、驼峰、板壁岩、白马岩、猩猩石、仙人石、飞来石等，奇妙无比。

现在高黎贡山山顶终年云雾缭绕、寒气逼人，山腰夏无酷暑、冬无严寒，近年许多游人选择来这里度假、避暑、观光。

❀ 古道古堡
南方丝绸之路

在高黎贡山内保存有公元前4世纪著名的南方丝绸之路，它比北方丝绸之路还要早200多年的历史，这条古道从成都出发到昆明、大理、保山，翻越高黎贡山，经腾冲到达缅甸、印度、阿富汗；古道路宽2米，路面全部用石块砌成；沿路风光秀丽，历史古迹众多，尤以古堡最多，这些古堡是古代用来军事防御的碉堡，尽管今天它失去了昔日的恢宏，但是它所蕴含的历史韵味，依然让人感叹。此外，这里还有峰火台、战坑等历史遗址，这些人文遗迹无疑给优美的高黎贡山增色不少。

保山市

🌸 火山地热
新生代火山

　　在高黎贡山腹地，分布着大大小小90多座形似铁锅的新生代火山，当地有民谣："好个腾越州，十山九无头"，形象地描述了火山群的壮丽奇观。众多火山之间，热浪蒸腾，数百眼热泉、温泉，构成了中国三大著名的地热风景区之一，即"腾冲热海"，现在这里是许多来高黎贡山游客的必去之地。

16 玉皇阁
富丽堂皇的楼阁　★★★★ 赏

云南省保山市腾冲县　乘 从腾冲县包车可达 ☎0875-5152683

　　玉皇阁，位于保山市腾冲县太保山山腰，它建于明洪武年间，为三层重檐斗拱建筑。玉皇阁由36根高大的圆柱支撑，顶部全是梁架半拱，渐次往上收拢成八卦形，至屋顶为太极图，屋顶系金黄琉璃瓦铺就，外观飞檐翅角，看上去端庄大方，气势雄伟。玉皇阁内有精美的壁画，泥塑和浮雕，都极富有考古、欣赏价值。玉皇阁，十分玄妙的是，它第二层挂有一块匾，从正面看是"至诚无息"朱黄色大字；从左边看是"龙飞凤舞"红绿色大字；从右边看则是"海晏河清"褐红色大字，实为奇中之奇，至今无人能说得清其中的奥妙，充分反映了古代劳动人民的聪明才智。

17 松山战役遗址
滇西抗日战争的主战场　★★★★★ 赏

　　松山战役遗址，位于云南省保山市龙陵县腊勐乡，它是第二次世界大战滇西抗日主战场的遗址。松山战役遗址面积约4平方公里，遗址内地堡、战壕、弹坑等随处可见，其中较重要的遗迹有松山主阵地、大爆炸坑、滚龙坡、日军发电站、抽水站和慰安所遗址等。松山战役遗址作为抗日历史的见证地，现在已被列为爱国主义教育基地。

云南省保山市龙陵县腊勐乡　乘 从龙陵县包车可达

云南攻略 YUNNAN HOW　195

18 槟榔江
原生态的河流 ★★★★ 赏

槟榔江，也称海巴江，位于保山市腾冲县城西60余公里处，它是一条原生态保持完好的河流。槟榔江两岸都是茂密的森林，河水清澈透明，无任何工业污染，槟榔江江畔自然风光秀美。槟榔江有一个奇特之处就是水中多奇石，这些奇石有的状如蜂窝，有的大如房屋，千奇百怪；此外，构成槟榔江游览内容的还有沿江村寨的傈僳族风情，我们熟知的傈僳族的"上刀山，下火海"的刀杆节就常在槟榔江畔举行。

📧 云南省保山市腾冲县
🚌 从腾冲县包车可达

19 和顺图书馆
我国最大的乡村图书馆之一 ★★★★ 赏

📧 云南省保山市腾冲县和顺乡水碓村 🚌 从腾冲县包车可达 ￥5元

和顺图书馆，是我国知名的乡村图书馆之一，素有"在中国乡村文化界堪称第一"的美誉。和顺图书馆由于办馆时间长，藏书丰富，因在优化乡风和哺育人才等方面贡献卓著而名扬四海。和顺图书馆建筑很富特色，它坐东向西，分为东高西低的两小院，总占地近1000平方米，东端的主楼为中西合璧式土木结构五开间二层楼房，两次间各向前突出半个六角亭；整幢楼除两端山墙外，立面都装玻璃窗，在阳光照耀下，光彩夺目。

20 和顺古镇

万家坡坨下，绝胜小苏杭

★★★★★ 逛

　　和顺古镇，是保山市腾冲县的一个小镇，这个小镇可不是个普通的小镇，它在历史上就很有名气。曾有人这样描述过此镇："远山茫苍苍，近水河悠扬，万家坡坨下，绝胜小苏杭"，这充分概括了和顺古镇的特点。和顺古镇的住宅从东到西、环山而建，渐次递升，绵延两三公里；镇内古刹、祠堂、疏疏落落分布在小镇里，使整个小镇充满了历史文化气息。

✉ 云南省保山市腾冲县和顺乡　🚌 从腾冲先包车可达　📞 0875-5196777

21 元龙阁

随山势而建的殿宇

★★★★ 赏

　　元龙阁，位于保山市腾冲县和顺古镇内，始建于清乾隆年间，元龙阁依山势而建，逐渐升高，规模宏大。元龙阁保留的建筑有山门、龙王殿、三宫殿、魁星阁、观音殿、百尺楼及厢房等附属建筑。元龙阁四周古木参天，山花遍野，尤其是它前面有一深潭，每当盛夏，潭里的荷花开放，亭亭玉立，为元龙阁景观增色不少。

✉ 云南省保山市腾冲县和顺古镇
🚌 乘昆明市南窑客运站班车可达
📞 0875-5161112　¥ 10元

大赏
云南

云南

攻略 HOW

云南攻略 YUNNAN HOW

大理白族自治州

大理白族自治州，地处云南省中部偏西，辖1个县级市、8个县、3个自治县，其地势西北高，东南低，地貌复杂多样；大理的特产较多，大理石名传天下，天然石质的砚台既显古意，又经久耐用；白族扎染，民族特色鲜明，样式朴素美观；下关沱茶，叶形独特，味道幽香，沁人心脾；漾濞核桃营养丰富，香甜可口。

大理白族自治州 特别看点！

第1名！
苍山洱海！

100分！

★ 风光无限，是古今中外旅游者所向往的胜地！

第2名！
天龙八部影视城！

90分！

★ 按照"大理特点、宋代特色、艺术要求"三结合的原则进行规划、设计，堪称"中国一流，西部第一"！

第3名！
大理洋人街！

75分！

★ 中外店铺林立，商品琳琅满目，是著名的中外商贸街！

---

1 大理洋人街 （75分！） 逛

中外商贸街 ★★★★★

大理洋人街，也叫"护国路"，意为民国初云南人民反对袁世凯称帝，起兵护国而取名护国路。大理洋人街东西走向，长1000米、宽7米，青石板铺面，街道两面店铺林立，有中西风味店、珠宝店、古董店、扎染店、画廊等，中外商品琳琅满目，让人目不暇接，大理洋人街现在已经成为中外游人的集散地。

📮 云南省大理白族自治州大理市博爱路与复兴路之间 🚌 乘4、19路公共汽车可达 📞 0872-2677177

2 大理白族自治州博物馆

大理历史文化的珍藏室 ★★★★ 赏

大理白族自治州博物馆，位于大理市下关洱河南路33号，它是云南省第一家兴建的州级博物馆，也是一座园林式博物馆。大理白族自治州博物馆占地33333平方米，建筑面积8800平方米，整个建筑群以白族民居建筑中的"三坊一照壁"、"四合五天井"的形制展开，形成了别致的园林景观。大理白族自治州博物馆现有12个展厅，主要展出青铜文物，南诏国、大理国历史文物等。走进大理州博物馆，游客可以感受南诏、大理国深邃的历史和灿烂多姿的白族文化。

✉ 云南省大理白族自治州大理市下关洱河南路33号 🚌 乘大理市出租车可达 📞 0872-2128614 ¥ 免费 🕐 8:00-17:30

3 大理周城

云南省最大的自然村 ★★★★★ 逛

✉ 云南省大理白族自治州大理市 🚌 从大理市包车可达 📞 0872-2432888 ¥ 15元

大理周城是云南省最大的自然村，也是对外开放的白族民俗旅游村。大理周城因至今完好地保存着白族的各种传统习俗，被誉为"白族民俗的活化石"。除了传统习俗外，大理周城第二个吸引人的地方就是白族的传统民居建筑，白族的传统民居为白墙青瓦楼房，这种楼房为石墙土木结构建筑，有一句俗语生动地描写了白族的传统民居建筑的特点："大理有三宝，石头砌墙不会倒"。

4 天龙八部影视城 （90分！）

电影拍摄基地

★★★★★ 玩

　　天龙八部影视城是一个大型影视拍摄基地，也是云南著名的旅游度假区，整个影视城占地51.33公顷，总建筑面积2.5万平方米，由三大片区组成：第一部分为大理国，包括大理街、大理皇宫、镇南王府；第二部分是辽国，包括辽城门和大小辽街；第三部分就是西夏王宫和女真部落。影视城按照"大理特点、宋代特色、艺术要求"三结合的原则进行规划、设计。"中国一流，西部第一"是人们对天龙八部影视城的最高评价。

📧 云南省大理白族自治州大理市文献路5号　🚖 乘大理市出租车可达　📞 0872-4608315　¥ 50元
🕐 8:00—17:00

⑤ 崇圣寺三塔

展现皇家风情的塔 ★★★★★ 赏

✉ 云南省大理白族自治州大理市北郊　🚌 乘大理市出租车可达　📞 0872-2673446　¥ 121元　🕐 8:00—19:00

崇圣寺三塔，位于大理白族自治州大理市北郊，是南诏国和大理国时期的一座颇具规模的佛教寺庙，也是云南古代历史文化的象征。崇圣寺三塔，由一大二小三座佛塔组成，大塔叫千寻塔，高69.13米，共16层，是座方形密檐式砖塔。南、北小塔，均高42.19米，共10层，是一对八角形的砖塔。千寻塔与南北两座小塔的距离都是70米，呈三足鼎立之势，浑然一体，雄伟壮观。

6 南诏太和城

建在山坡上的古城 ★★★★ 逛

✉ 云南省大理白族自治州大理市七里桥乡太和村 🚗 乘大理市出租车可达 ☎ 0872-2674147 ¥ 30元

　　南诏太和城，位于大理市七里桥乡太和村西，它曾经是古代南诏国的都城。南诏太和城建在一个山坡上，地势险要，易守难攻，在当时具有重要的战略地位。南诏太和城呈不规则三角形，城墙多依山势而建，用土夯筑而成，现在城内保留的建筑有金刚城、南诏避暑宫等，南诏太和城为研究南诏的形成、社会制度、云南各民族的关系、南诏与唐王朝和吐蕃的关系，提供了极其重要的文献资料。

✿ 南诏德化碑

云南最大的唐碑

　　南诏德化碑是南诏太和城最为重要的文物之一，碑高3.97米、宽2.46米、厚0.6米，正面碑文3800余字，现仅存256字。此碑是研究南诏历史及其与唐朝关系的珍贵实物资料，因此具有很高的历史文化价值。

7 喜洲白族民居建筑群

大理白族民居的代表 ★★★★ 赏

✉ 云南省大理白族自治州大理市喜洲镇 🚗 从大理市包车可达 ☎ 0872-2451189 ¥ 15元

　　喜洲是滇西、大理一带的著名历史文化名镇，其内的喜洲白族民居建筑群，是喜洲最大的人文景观。喜洲白族民居建筑群的特点是以"三坊一照壁"，"四合五天井"为格局，青瓦人字大屋顶，土木砖石结构，外墙上白、下灰。目前喜洲民居建筑群以杨品相宅、严家院、董家院、赵府建筑群等最为著名，每天这些大院里热热闹闹，都是来自全国各地的游人。

8 苍山洱海 （100分！）

古今旅游者所向往的胜地

★★★★★ 赏

云南省大理白族自治州大理市　从大理市包车可达
0872-2183158　¥85元

　　苍山洱海，位于云南省大理白族自治州，是古今旅游者所向往的地方。苍山，也叫点苍山，其景色向来以雪、云、泉著称，在风和日丽的阳春三月，点苍山仿佛是一个冰清玉洁的水晶世界；点苍山的云，变幻无穷，时而淡如青烟，时而浓似泼墨，令人遐想；点苍山中18条溪水缓缓流淌，有的似泉涌，有的似瀑布。洱海，是一个风光明媚的高原湖泊，它呈狭长形，南北长40公里，面积约240平方公里，海水干净透明，海面宛如澄碧的蓝天，给人以宁静而悠远的感受。在洱海最南端的团山，有一座洱海公园，是观赏苍山洱海景色的好处所，也是游人最多的地方。

❀ 大理南诏风情岛

洱海上的一颗明珠

　　大理南诏风情岛是洱海三岛之一，素有"大理风光在苍洱 ，苍洱风光在双廊"之美誉。大理南诏风情岛地理位置非常优越，它四面环水，东靠著名佛教圣地鸡足山，北接石宝山，南连大理，西对苍山洱海，因此，它被看成是洱海上的一颗明珠，是旅游观光的最佳之地。

　　大理南诏风情岛上风光旖旎，海天一色；千年古榕，枝繁叶茂；幽穴古洞，盘曲交错。岛上著名的景观有沙壹母群雕码头、海景别墅、观音广场、南诏避暑行宫、白族本主文化艺术广场、海滩综合游乐园、太湖石等。

❀ 蝴蝶泉

蝴蝶的乐园

　　在苍山脚下、洱海之滨，有一处闻名遐迩的游览胜地，那便是蝴蝶泉。蝴蝶泉面积50多平方米，为方形泉潭，泉水清澈如镜，泉边有一高大古树，横卧泉上，被称为"蝴蝶树"。每年春夏之交，大批蝴蝶聚于泉边，满天飞舞，最奇的是万千彩蝴蝶，交尾相随，倒挂蝴蝶树上，形成无数串，垂及水面，颇为壮观。

大理白族自治州

🌸 天龙洞
怪石嶙峋的洞穴

　　天龙洞，位于蝴蝶泉北2公里处，全长507米，走入洞内，石花、石笋、石柱、石台等，形态各异，如狮蹲、虎踞、猿攀，姿态万千，栩栩如生。继续往里走，洞境险峻幽深，怪石嶙峋，令人目不暇接。

🌸 清碧溪
被称为"西南第一溪"

　　清碧溪，又名翠盆水，是点苍山18溪之一，被称为"西南第一溪"。清碧溪地处苍山马龙峰与圣应峰之间，溪水在山腰汇为上、中、下三潭，第一潭是一个半圆形的小潭，池水碧绿，令人目眩。第二潭，面积不大，却最美，面潭而立，溪水从一块高四五丈的石壁上飞流直下，跌入潭中，特别壮观。第三潭，是一个圆池，池水清澈，池底石子明晰可见。清碧溪历史上的评价很高。明代状元杨慎在《游点苍山记》这样描写清碧溪："西南有一溪，叠愕承流，水色莹澈，其中石子粼粼，青碧璀璨，宛如宝玉之丽，其名曰清碧溪。"

❀ 玉几岛

苍洱风光第一村

　　玉几岛，是洱海三岛之一，有"苍洱风光第一村"之盛誉，是观赏洱海风光的最佳位置。站在玉几岛上，远眺苍山十九峰，近观岛区秀丽景色，俯视洱海碧水清波，一幅壮美秀丽的自然美景尽收眼底，实在令人赏心悦目。玉几岛，还会聚着灿烂辉煌的南诏文化和丰富神秘的民族风情，这里有唐代大理开国皇帝段思平之妻杨桂仙的修行故居，民族英雄杜文秀水军炮台基地等。

9 元世祖平云南碑

丰功伟绩石刻碑 ★★★★ 赏

　　在大理著名的三月街上，有一块巍然耸立的丰碑，那便是享誉全国的元世祖平云南碑。元世祖平云南碑坐落在巨大的石龟背上，它高约5米，宽近2米，分上、下两节，中有石条挡护，边有石框镶砌，碑额为大理石，雕二龙戏珠，额篆"世祖皇帝平云南碑"。碑上有行文50行，共1300字，现在仅存1000余字，文字的内容主要记载元世祖忽必烈的赫赫功勋，并有对他平定云南采取的许多政策、策略等的表述。元世祖平云南碑，历经千年，一直保存至今，无疑它是一块见证历史的丰碑。

📧 云南省大理白族自治州大理市三月街
🚌 乘大理市出租车可达

大理白族自治州

10 苍山神祠
民族团结的象征 ★★★★ 赏

苍山神祠，位于大理古城西苍山中和峰麓，是祭祀苍山的庙，也是当时南诏与唐王朝和好的见证。苍山神祠坐北朝南，现在保留的建筑有大门、厢房、大殿等。苍山神祠内有许多珍贵的历史文物，如有清道光五年（1825年），宋湘题书的大理石碑刻以及1947年立的《重修苍山庙碑记》和《敕封点苍昭明镇国灵帝神位碑》，这些文物充分反映了苍山神祠在历史上的地位和作用。

✉云南省大理白族自治州大理市大理古城西　🚌乘大理市出租车可达　¥15元

11 银都水乡
中国民间艺术之乡 ★★★★ 赏

✉云南省大理白族自治州鹤庆县　🚌乘鹤庆县出租车可达　¥25元

银都水乡，也叫新华石寨子，是一个典型的白族聚集村寨，曾被评为"中国民间艺术之乡"，"云南十大名镇"等称号。

银都水乡是一个神奇而又古老的村寨，它以悠久的银器文化与得天独厚的自然风光而名扬中外。村寨内有数十处具有白族特色的景点，如星子龙潭生态园、石寨子手工艺传承园、寸氏庄园、黑龙潭、水磨坊等。现在银都水乡已发展为集旅游观光、休闲度假、康体商务于一体的多功能旅游景区。

⑫ 巍山古城

南诏文化发源地

★★★★ 逛

巍山古城，也称南诏古城，是南诏文化发源地，被游客称为"未被打扰的南诏古城"。巍山古城较为完整地保持了建城时的棋盘格局，是中国保存最完好的明清古建筑群之一。巍山古城内保留下来的建筑有城墙、城门、星拱楼等，其中星拱楼是古城的标志性建筑。另外，巍山古城还保存有纵横交错的大街小巷，大街小巷呈标准的井字结构建设，共有25条街道，18条巷，全长14公里。古城内民居基本保留了明、清风貌，有的是"三坊一照壁"，有的是"四合五天井"，古朴典雅。在古城内外，还有其他众多明、清古建筑，如文庙、文华书院、玉皇阁、东岳宫等。许多游人来巍山古城参观后，都赞叹不已，认为"巍山古城风貌如此完整，在云南乃至全国均属少见"。

📧 云南省大理白族自治州巍山彝族回族自治县 🚌 从大理市包车可达 💴 20元

13 鸡足山

鸡足"奇""秀"甲天下 ★★★★★ 赏

鸡足山，位于大理白族自治州鹤庆县，因其山势形似鸡足而得名，它以"奇""秀"而闻名，素有"鸡足奇秀甲天下"之说。鸡足山的自然风景可以用"一鸟"、"二茶"、"三龙"、"四观"、"五杉"、"六珍"、"七兽"、"八景"来概括，其中以"四观"最为出名，登临鸡足山可以东观日出，南瞰浮云，西望苍山、洱海，北眺玉龙雪山，被游客称为"绝顶四观"。

鸡足山还是我国五大佛教名山之一，也是世界佛教禅宗发源地和中国汉传藏传佛教交会地，历史上有"灵山佛都"、"华夏第一佛山"等美誉。许多游览过鸡足山的游客认为鸡足山可与峨眉、九华、五台、雁荡山相媲美。

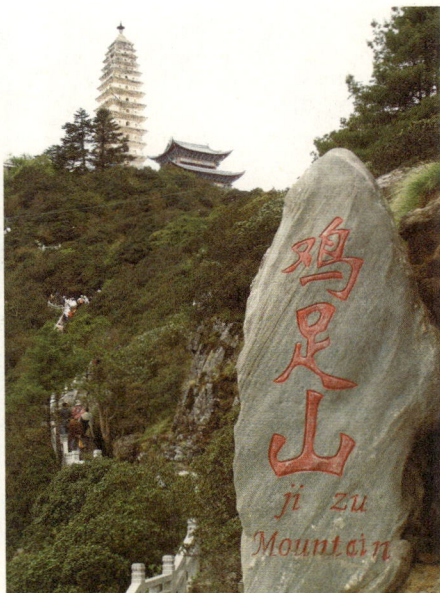

✉ 云南省大理白族自治州鹤庆县 🚍 从鹤庆县包车可达
📞 0872-7350488 ￥ 60元

14 千狮山

世界上数量最多的石狮群 ★★★★ 赏

千狮山，位于大理白族自治州剑川县城西2公里处，它以千姿百态的石狮子而闻名于世。千狮山创造了许多世界之最，例如它有世界上数量最多的石狮群，世界上雕刻最多的石牌坊，世界上最大的石狮王，世界上唯一刻千头石狮造型的"千狮壁"。这些千狮山上的狮子雕像展现了我国魏、晋、南北朝、隋、唐、宋、元、明、清多个朝代石雕艺术水平。目前，千狮山石狮雕刻仍在继续，这个融自然景观和人文景观为一体的特色景区，正吸引着越来越多的中外游客。

✉ 云南省大理白族自治州剑川县 🚍 乘大理市客运站班车可达 ￥ 20元

15 巍宝山

道教名山 ★★★★ 赏

巍宝山，是全国14座道教名山之一。在全国14座道教名山中，巍宝山的道观殿宇最多、最宏伟，建筑风格最具地方民族特色。巍宝山除大量道教宫观外，还有一些佛教寺院建筑，如观音殿、甘露亭。另外，巍宝山的自然植被保存完好，从山腰到山顶，覆盖着枝叶繁茂的苍松翠柏和各种阔叶林木，其中不乏古树名木，如粗可数人合抱的高山栲、名贵树种云头柏。每年农历二月一日至十五日是巍宝山传统朝山庙会，四方游人云集，络绎不绝，盛况空前。

✉ 云南省大理白族自治州巍山彝族回族自治县 🚌 从大理市包车可达 ☎ 0872-6123574 ¥ 60元 🕐 全天

16 寺登街
茶马古道上的集市
★★★★ 赏

✉ 云南省大理白族自治州剑川县沙溪镇　🚐 乘剑川县出租车可达　¥ 60元

　　寺登街，位于大理白族自治州剑川县沙溪镇，它是茶马古道上唯一幸存的集市，也是茶马古道的要冲。历史上，寺登街是北进川藏、南入中原以及与东南亚、南亚、西亚各国友好往来的贸易集散地，现在街上还完整地保存着当时的戏院、旅馆、寺庙、大门等。走进寺登街，便走进了那段"茶马古道"上马帮兴盛、商贸繁荣的历史。

17 剑川石宝山
如狮似象的山峰
★★★★ 赏

　　剑川石宝山，位于大理白族自治州剑川县城西南25公里处，因山上的红砂石呈龟背状裂纹，如狮似象，得石宝之名。剑川石宝山最著名的要数石窟和摩崖造像，这些石窟和摩崖造像主要分布在石宝山的石钟寺、狮子关、沙登箐3处，其中开凿于唐宋年间的石窟，享有"西南敦煌"的美誉。剑川石宝山上人文景观特别多，如有道观宝相寺、海云居寺观、石钟水库等。现在每年7、8月份，这里还举办传统歌会，届时，石宝山人山人海。

✉ 云南省大理白族自治州剑川县西南郊　🚐 乘剑川县出租车可达　📞 0872-4721127　¥ 20元　🕐 8:00～18:00

大赏云南

攻略 HOW

云南

云南攻略 丽江市

　　丽江市，位于云南省西北部，云贵高原与青藏高原的连接部位，辖1个市辖区、2个县、2个自治县；丽江市的旅游资源极其丰富，以"二山、一城、一湖、一江、一文化、一风情"为主要代表，被评为"全国文明风景旅游区"、"中国优秀旅游城市"、"中国历史文化名城"等称号。

丽江市 特别看点！

第1名！
丽江古城！

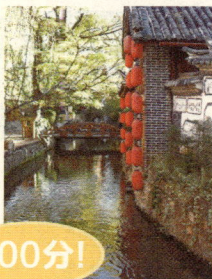

100分！

★ 为我国"保存最为完好的四大古城"，也是我国历史文化名城中两个没有城墙的古城之一！

第2名！
观音峡！

90分！

★ 自然资源与人文资源极为丰富，常被人们誉为"丽江第一景"！

第3名！
千龟山！

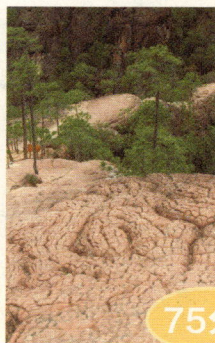

75分！

★ 是我国迄今为止发现的面积最大、海拔最高的一片神奇的丹霞地貌区！

---

1 丽江古城 （100分！）

没有城墙的古城

★★★★★ 逛

　　丽江古城，又名大研镇，它与四川阆中、山西平遥、安徽歙县并称为"保存最为完好的四大古城"，同时，它还是我国历史文化名城中两个没有城墙的古城之一。

　　丽江古城，始建于宋末元初，全城面积达3.8平方公里，它的特点主要表现在三个方面，首先古城的布局别具

✉ 云南省丽江市丽江古城东大街1号　　乘 乘3路公共汽车可达
☎ 0888-5107990　　¥ 80元　　🕐 全天

一格，丽江古城未受"方九里，旁三门，国中九经九纬，经途九轨"的影响，而是依山就水而建，且没有城墙。其次是古城内的建筑特色鲜明，丽江古城建筑，如民居、寺庙等，都考虑到了抗震、遮阳、防雨、通风等，并且反映了民族特点，如风俗习惯、宗教信仰等，第三点就是丽江古城所蕴含的文化和审美，对于研究那个时期的建筑、艺术、文化等，提供了重要的依据。

✿ 四方街

丽江古城的中心街道

四方街位于丽江古城的中心，丽江古城以四方街为中心，辐射出四条大道，每条主道都有巷弄相随，巷弄四通八达，无死胡同，因此得名四方街。四方街始建于宋末元初，相传因丽江世袭知府姓木，忌讳筑上城墙后变作"困"字，故不修城墙，从而形成了四方街。

✿ 万古楼

丽江标志性的建筑

　　万古楼是丽江标志性的建筑，也是我国全木结构斗拱建筑，一柱通顶不连接的第一楼。万古楼，高33米，象征原先丽江纳西族自治县33万各族人民；主体柱子16根，都是通天木柱，体现了纳西族东巴象形文字中有开天九兄弟、劈地七姐妹的传说；柱长22米，反映民间"好事成双"的说法。楼内绘有2300幅吉祥图案，代表丽江的23幅石雕图案，寓意在一年四季的农时节令中风调雨顺，五谷丰登；整座楼中雕刻彩绘龙的图案有9999幅，寓意丽江是龙的传人，由此可见，万古楼处处有内涵，并且充满了智慧。

✿ 嵌雪楼

纳西族风格的建筑

　　嵌雪楼始建于清嘉庆至道光年间，是著名诗僧妙明法师按纳西族建筑风格建造的，因正对玉龙大雪山，如同嵌在白雪之中，故得名"嵌雪楼"。登临嵌雪楼，整个丽江古城的风貌尽收眼底。

❀ 木府

建筑艺术之苑

木府是丽江古城文化的"大观园"，它坐西朝东，占地30666平方米，由石牌坊、万卷楼、光碧楼、玉音楼、护法殿等建筑组成，气势恢宏，庄严古朴。木府可谓一座辉煌的建筑艺术之苑，有人这样评价它："不到木府，等于没到丽江。"

② 黑龙潭公园

南方的"颐和园" ★★★★★ 玩

📧 云南省丽江古城区民主路1号　🚌 乘丽江市出租车可达　¥ 20元　🕐 8:00—18:00

黑龙潭公园，也称"玉泉公园"，由于它像一座山水园林，所以被人们称为南方的"颐和园"。黑龙潭公园位于丽江古城东北角，建于清乾隆年间，因乾隆赐题"玉泉龙神"而得名。黑龙潭最吸引人的三大景点分别是龙潭映雪、东巴文化、文物建筑；以五孔桥、得月楼、雪山及黑龙潭形成的龙潭映雪影像，历史上就是丽江的经典风光明信片，现在也是游人在丽江拍照最多的景点之一。东巴文化是丽江纳西族的本土文化，主要包括东巴象形文字、东巴古籍文献、东巴祭祀仪式，以及与东巴祭祀相关的音乐、舞蹈、绘画、雕塑等。黑龙潭公园的文物建筑众多，由于各种历史原因，为了方便保护，许多文物汇集于此，如明代原木府忠义坊前的四尊石狮，文庙文明坊，光碧楼等。

3 丽江五凤楼

富丽堂皇的楼阁

★★★★ 赏

✉ 云南省丽江市　🚌 乘丽江市出租
车可达　¥ 10元　🕐 7:30—18:00

　　五凤楼,位于丽江市黑龙潭公园北端,它是一座融汇了多个民族的建筑风格的楼阁。五凤楼始建于明万历二十九年(1601年),楼呈亚字形,共有三层,高20米,因三层共24个飞檐,就像五只彩凤展翅飞翔,所以取名五凤楼。

　　五凤楼楼内的装饰华丽、精巧,天花板上绘有太极图、飞天神王、龙凤呈祥等图案,笔法流利、色彩绚丽;在楼的门窗、梁柱及穿枋上,都刻着四季花卉,飞禽、走兽、飞天、纹饰等图案,玲珑剔透,自然生动。五凤楼作为云南现存的一项具有科学、历史、艺术价值的重要古建筑,早在20世纪就被列为省级重点文物保护单位。

4 束河古镇

中国魅力名镇之一

★★★★★ 逛

　　束河古镇是丽江的一个典型传统小镇,它处于丽江所有景区的核心部位,是游览丽江古城、玉龙雪山、泸沽湖、长江第一湾和三江并流风景区的枢纽点。束河古镇是纳西先民在丽江坝子中最早的聚居地之一,是茶马古道上保存完好的重要集镇,近年还被评为中国魅力名镇之一。

✉ 云南省丽江市古城区　🚌 乘丽江市出
租车可达　📞 0888-5174890　¥ 25元

❀ 青龙桥

束河八景之一

青龙桥，建于明万历年间，距今已有 400 多年历史，它是由木氏土司设计，也是木氏土司鼎盛时期的标志性建筑。青龙桥长 25 米、宽 4.5 米、高 4 米，全部由石块垒砌，桥面经过数百年风雨的洗刷变得斑驳苍老，却不失庄严厚重。每当开春时节，桥畔的杨柳长出了新芽，如烟似纱，仿佛绿色的波浪要涌到桥面上来，这便是束河八景中的一景："烟柳平桥"。

5 玉水寨

具有民族文化特色的村寨   ★★★★★ 逛

玉水寨是一个自然、淳朴的村寨，也是一个极富有民族特色和地方特色的村寨，它位于滇西丽江市北部，地处玉龙雪山脚下。玉水寨有许多原始的人文景观，如神龙三叠水瀑布群、三文鱼养殖生态观光、东巴壁画廊、东巴始祖庙、纳西族古建筑等，另外，在村寨里，还可以看到纳西族传统水车、水碓、水磨坊等。在玉水寨还有一个非常特别的景点，那便是村寨里的那股大山泉，山泉从崖岭间奔腾而出，海拔 3000 多米，令人十分惊奇，难怪人们一直这样赞誉玉水寨，"山有多高，水有多高"。

✉ 云南丽江市玉龙纳西族自治县   🚌 乘丽江市出租车可达   ¥ 50 元

6 观音峡

90分!

被称为"丽江第一景"

★★★★★ 赏

云南省丽江市古城区七河乡
0888-5369688 ¥30元

观音峡，位于丽江市东南部的七河乡，观音峡因为具有丰富的人文景观和优美的自然景观，所以被人们誉为"丽江第一景"。"漫漫雄关邱塘道，悠悠茶马滇藏情"，是丽江观音峡的写照。观音峡现在已经开辟为观音峡风景区，景区内的景点较多，有良马桥、滇藏茶楼、黄龙泉瀑布、观音峡瀑布、霞客亭、天香塔和木家别院等。目前观音峡风景区已经发展成为集山水、峡谷、森林、湖泊等自然风景为一体，以茶马古街，纳西村落，民俗、宗教风情等人文景观为特色的风景区。

7 长江第一湾

兵家必争之地

★★★★★ 赏

云南省丽江市玉龙纳西族自治县石鼓镇 从丽江市包车可达
¥20元

长江第一湾，位于丽江市玉龙纳西族自治县石鼓镇，它是一个"V"字形的峡湾，由于金沙江自西北而来，在此急转直上向东北方向流去，从而形成了这个峡湾。金沙江正是因为这个峡湾而折回国内，注入长江，而没有像并流的怒江、澜沧江一样流出国境，所以有人就戏称金沙江为"爱国江"。长江第一湾的四周重峦叠嶂，江面开阔、江水平缓，积水成湾，形成高峡出平湖的景观。

长江第一湾还是历来兵家必争之地，相传三国时期，诸葛亮平定南中，在此"五月渡泸"；元朝，忽必烈在此"革囊渡江"；1936年，中国红军将领贺龙、任弼时、肖克率领部队，从此处渡江，北上抗日。

8 拉市海

高原湖泊 ★★★★ 赏

云南省丽江市玉龙纳西族自治县　乘丽江市出租车可达　0888-8880077　¥30元　8:00—17:00

拉市海，位于丽江市西部的玉龙纳西族自治县，它是一个高原湖泊，也是云南省第一个以"湿地"命名的自然保护区。"拉市"为古纳西语译名，"拉"为荒坝，"市"为新，意为新的荒坝。拉市海山清水秀，森林茂密，如镜的湖面倒映着玉龙雪山，在湖面形成了一幅巨大的山水画卷。拉市海还是迁徙候鸟的栖息地，每年到此越冬或停歇的候鸟有80多种，上万只，为滇西北之冠，这些鸟类构成了高原湿地特有的气息。

9 丽江户外乐园

休闲健身的乐园 ★★★★ 娱

📧 云南省丽江市玉龙纳西族自治县 🚌 乘玉龙纳西族自治县出租车可达 📞 0888-5391888
💴 45元 🕐 全天

丽江户外乐园是一个以运动为主要特色的公园，同时，集餐饮、旅游、休闲、娱乐于一体，是人们户外活动的最佳场所。丽江户外乐园最吸引人的就是户外运动项目了。乐园不但设有常规体育项目，例如篮球、足球、网球、乒乓球、羽毛球、拳击等，还有时尚户外运动项目，像赛车、蹦极、人工攀岩、热气球、溜索、拓展、匹特搏彩弹射击、野外宿营等；同时，乐园还有民族特色的运动项目，如狩猎、放鹰、骑马等。在户外乐园里，游人不仅可以更好地享受丽江的秀丽山水，民族风情，而且可以更好地领略户外运动的无限魅力，因此它是丽江人民和游客休闲健身的乐园。

10 北岳庙

丽江最早的庙宇 ★★★★ 赏

北岳庙，又名玉龙祠，位于丽江市玉龙纳西族自治县白沙乡玉龙村，是丽江最早的庙宇。北岳庙始建于唐代，占地2329平方米，由山门、花厅、厢房、鼎亭、大殿、后殿组成。北岳庙供奉"三多"神像，当地群众因此又把北岳庙称为"三多阁"。每年农历二月初八是北岳庙会，各地纳西族都到"三多阁"用全羊进行隆重祭祀，这便是纳西族最隆重的民族传统节日"三朵节"。

📧 云南省丽江市玉龙纳西族自治县白沙乡玉龙村 🚌 从玉龙纳西族自治县包车可达 💴 5元 🕐 8:00—17:00

11 千龟山 75分!

丹霞地貌景观

★★★★★ 赏

千龟山，位于丽江市玉龙纳西族自治县黎明乡，它是我国迄今为止发现的面积最大、海拔最高的一片神奇的丹霞地貌区。从远处看千龟山，好像成千上万只乌龟排着队向东方缓缓爬行，这便是千龟山名称的由来。千龟山面积达240平方公里，山上悬崖、险峰、溶洞，千姿百态，不计其数，其中最著名的景点有灵芝峰、情人柱、绝壁生花等，另外，还有"佛陀峰"、"千龟竞渡"等奇景。

📧云南省丽江市玉龙纳西族自治县 🚌从丽江市包车可达 📞0888-3568437
💰35元 🕐全天

12 文笔山旅游景区

大自然的杰作

★★★★ 赏

文笔山因为像一支巨大的笔一样而得名，文笔山山脚下还有文笔海，文笔海就像是文笔山的墨水，山中有水，水中映山，"笔"与"墨"浑然一体，令游人无不惊叹大自然的鬼斧神工。现在文笔山已经开辟成文笔山旅游景区，景区由十二个景点组成，最著名的景点是文峰寺，文峰寺始建于清乾隆四年（1739年），现存的主要建筑是大殿和僧房，被公认为丽江所有寺院之冠。

📧云南省丽江市玉龙纳西族自治县 🚌从丽江市包车可达
📞0888-5168437 💰30元

13 丽江指云寺

丽江五大寺之一 ★★★★ 赏

指云寺，位于丽江市玉龙纳西族自治县，是丽江五大寺之一。指云寺建于清雍正五年（1727年），寺内最多的是僧房，高低错落的寺庙僧房建筑群，宛如一座山城。然而，目前该寺仅存1个大院和5个小院，引人注目的是大院，大院为二进院落，有山门、佛殿、配殿、僧堂、厨库、浴室等建筑，古朴而典雅。

✉ 云南省丽江市玉龙纳西族自治县 🚌 丽江市包车可达 ¥ 10元 🕐 8:00—21:00

14 玉龙雪山

北半球最南的大雪山 ★★★★★ 赏

玉龙雪山是北半球最南的大雪山，山势由北向南走向，南北长35公里，东西宽25公里，以险、奇、美、秀著称。玉龙雪山景观大致可分为高山雪域风景、泉潭水域风景、森林风景、草甸风景等，主要景点有玉柱擎天、云杉坪、雪山索道、黑水河、白水河、蓝月谷及宝山石头城等。

玉龙雪山的风光有显著特点，它随着节令和气候变化而变化，时而云雾缠裹，雪山乍隐乍现；时而山顶云封，雪山深奥莫测；时而碧空万里，雪山群峰如洗，闪烁着晶莹的银光；即使在一天之中，玉龙雪山也变幻无穷。现在玉龙雪山已经是一个集观光、登山、探险、科考、度假、郊游于一体的多功能的旅游胜地。

✉ 云南省丽江市玉龙纳西族自治县 🚌 乘7路公共汽车可达 📞 0888-8889999 ¥ 105元 🕐 9:30—16:00

甘海子

天然大牧场

　　甘海子是玉龙雪山东面的一个开阔草甸，全长4公里左右，宽1.5公里，海拔约2900米，甘海子不但给人一种开阔空旷的感觉，而且也为游人提供了一个观赏玉龙雪山的好场地，在甘海子可以看到与玉龙雪山不同的各种景观。另外，甘海子大草甸还

是一个天然大牧场，每年春暖花开的季节，住在甘海子附近的藏、彝、纳西族牧民们都要带上毡篷，骑着高头大马，驱赶着牦牛、羊群、黄牛，到草甸放牧，甘海子一下子热闹了起来。

云杉坪

纳西族人心中的圣洁之地

　　云杉坪，又名"殉情第三国"，是玉龙雪山东面的一块巨大的林间草地，它约0.5平方公里，海拔3000米左右，每逢春夏之际，云杉坪绿草如茵，繁花点点，周围被原始云杉林紧紧包裹，云杉坪显得特别幽静。

　　云杉坪是纳西族人心中的圣洁之地，传说年轻的男女在玉龙雪山脚下的云杉坪殉情的话，他们的灵魂就会进入玉龙第三国，得到永生的幸福，古老的传说无疑给云杉坪增添了一份神秘色彩。

❀ 牦牛坪

典型的草甸牧场

牦牛坪位于玉龙雪山的北面，它是一个典型的草甸牧场，是玉龙雪山景区的重要组成部分。牦牛坪面积达16.6平方公里，一年四季风景如画，春季繁花似锦；夏季绿草如茵；秋季草坪丰茂；冬季银装素裹。目前牦牛坪景点主要有牦牛雪原、牦牛雪谷、黑水幽谷、黑水瀑布冰桥、雪花湖、瑶池、牦牛溪、锦绣草甸、烂漫山花、丽江铁杉林、大果红杉林、黄背栎林、雪花村落等，牦牛坪成了理想的旅游观光、休闲、度假的胜地。

❀ 文海

野花的海洋

文海，位于玉龙雪山主峰西南麓，是由古老的冰蚀湖演变而成的一个湖泊。文海平均海拔3180米，面积160公顷，它是一个季节性旅游景点，这个季节性的湖泊一年中大多数时间，只是一片很大的草原，或者是小片湖泊连成的草甸，只有当7、8月份，雨水多的时节，它才是一个名副其实的湖泊。

15 丽江虎跳峡
世界最深的大峡谷 ★★★★★ 赏

金沙江劈开玉龙雪山和哈巴雪山，形成世界最深的大峡谷，即著名的虎跳峡。虎跳峡全长17公里，江面落差200米，其势可以用惊、险、奇来形容。在虎跳峡上游的金沙江入口处，有一巨石横卧江心，激流从仅有30米宽的巨石两侧穿流而过，涛声震天，白浪翻滚，传说猛虎常靠江心巨石跃上对岸，故名虎跳峡。近年在虎跳峡沿江的岩壁上，还发现了十余条珍贵的古岩画鱼，为虎跳峡增色不少。

✉ 云南省丽江市玉龙纳西族自治县 🚌 乘玉龙纳西族自治县客运站旅游专线可达
📞 0888-8893008　¥ 50元　🕐 9:00—18:00

16 九十九龙潭
五光十色的水塘群 ★★★★ 赏

九十九龙潭其实就是数十个被溪流连在一起的水塘、沼泽地，这些水塘、沼泽大小不一，形态各异，由于分布在山坳里，所以生态环境保持较好，非常适合度假、避暑。如果你仔细观察这些水潭，你会发现它们的颜色并不相同，有的呈蓝色，有的呈黄色，还有的呈绿色，真是五光十色，美不胜收。来九十九龙潭观光、旅游，最好选在7、8月份，那时候，远远地看去，九十九龙潭就像一张五彩的草甸，没有一丝一毫的雕饰，只有那一份纯净、优雅，另外，这个时节在此避暑也是一个不错的选择。

✉ 云南省丽江市玉龙纳西族自治县 🚌 乘玉龙纳西族自治县客运站旅游专线可达
📞 0888-5164009　¥ 80元　🕐 8:00—21:00

17 丽江博物馆

丽江历史文化的窗口 ★★★★ 赏

　　丽江博物馆，是一所以展示地方历史和民族文化为主的地方性综合型博物馆。博物馆占地面积为7000平方米，建筑格局是典型的纳西族传统的"三坊一照壁"、"四合五天井"的建筑形式。博物馆目前收藏丽江文物古迹共500余件，通过丽江博物馆，可以了解丽江的历史和文化。现在丽江博物馆被列为青少年爱国主义教育基地。

✉ 云南省丽江市古城区教育路　🚍 乘玉龙纳西族自治县出租车可达　📞 0888-5180270　💴 15元　🕐 8:00—17:00

18 泸沽湖

高原明珠 ★★★★★ 赏

✉ 云南省丽江市宁蒗彝族自治县永宁乡　🚍 从丽江市包车可达　📞 0888-5166900　💴 20元　🕐 8:00—18:00

　　泸沽湖，古称鲁窟海子，位于丽江市宁蒗彝族自治县北部的永宁乡，它素有"高原明珠"之称。泸沽湖的水域面积达58平方公里，平均水深45米，湖中有5座全岛、3座半岛和1座海堤连岛，其中黑瓦吾岛、里无比岛、里格岛，成为湖中最具观赏和游览价值的三座小岛，被誉为"蓬莱三岛"。泸沽湖周围山峦环绕，风景优美，尤其湖岸有无数大大小小冲积而成的开阔沙滩，成为游人休息游玩的天然处所。

19 小落水村

摩梭人部落

★★★★ 赏

　　小落水村是我国母系社会最后一个摩梭人部落，也是一个未进行旅游开发的原生态摩梭村落。小落水村，位于泸沽湖北部，处在一个三面环山，一面向泸沽湖的小山谷里。摩梭人在此依山傍水，世代居住。小落水村，只有24户人家，村里没有现代的基础设施，甚至连一个商店也找不到，这里的自然风景、民族风情都保持着原生态，来这里旅游的人，都有一种与世隔绝的感觉。

✉ 云南省丽江市宁蒗彝族自治县永宁乡　🚍 从丽江市包车可达

大赏云南

攻略HOW

云南

云南攻略 YUNNAN HOW

怒江傈僳族自治州

　　怒江傈僳族自治州，位于云南省西北部，怒江中游，因怒江由北向南纵贯全境而得名，辖2个县、2个自治县；怒江傈僳族自治州拥有世界级的生物资源，是全世界生物多样性最丰富的地区之一；拥有世界级的水资源，怒江、澜沧江、独龙江等纵贯怒江傈僳族自治州区内；拥有世界级的旅游资源，"三江并流"世界自然遗产8个片区中，怒江傈僳族自治州拥有4个；拥有世界级的民族文化资源，独龙族的文面文化、傈僳族的山地农耕文化、普米族的山岳生态文化等，堪称文化的宝库。

怒江傈僳族自治州 特别看点！

第1名！
怒江大峡谷！
100分！

★ 被称为世界上最长、最神秘、最美丽险奇和最原始古朴的东方大峡谷！

第2名！
怒江第一湾！
90分！

★ 九曲回肠的峡湾！

第3名！
丙中洛村！
75分！

★ 坐落在怒江大峡谷顶端的少数民族村落！

1 片马抗英纪念馆及纪念碑

铭记历史的基地 ★★★★ 赏

　　19世纪初，英国在片马酿成了震惊中外的"片马事件"，但片马人民以大刀弩箭面对洋枪洋炮，给了侵略者以沉重的打击，为了纪念片马各族人民抗英斗争的胜利，1986年，片马建立"片马人民抗英胜利纪念碑"和"片马人民抗英纪念馆"，以铭记片马人民保卫祖国的神圣功绩。片马抗英纪念馆是一个展示片马各族人民抗英斗争历史的纪念馆，纪念馆收藏了许多与片马各族人民抗英斗争有关的史料和实物。片马抗英纪念碑高20米，碑体由3把剑和3面盾组成，象征着汉、傈僳、怒族团结抗英的事迹。

✉ 云南省怒江傈僳族自治州泸水县　🚍 乘泸水县出租车可达　💰 6元　🕐 8:00—17:00

云南省怒江傈僳族自治州泸水县 乘泸水县出租车可达 0886-3624247 ¥10元

2 怒江听命湖
神秘莫测的湖泊 ★★★★★ 赏

在泸水县片马东北部有一个神秘的湖——听命湖，相传人们到这里只能轻声细语地说话，如果大声叫喊，这里顷刻间便会风雨交加，因此人们称它听命湖。其实，这都是湖区上空弥漫着饱和水分的浓雾，遇到声波震动，就凝聚成雨和冰雹的缘故。

听命湖海拔约3540米，湖水透明，水深莫测，它的四周森林密布，野生动物在四周栖息游荡，如有国家保护珍稀动物灰腹角子雉、山驴、金丝猴、小熊猫、羚羊等，为听命湖增色不少。听命湖的景色随着四季的变化而展现它的美妙，每当春天来临时，远处雪山融化的涓涓雪水汇入湖中，盛开的漫山遍野的杜鹃花点缀了湖畔，整个听命湖就好似镶嵌了花环；而当夏天时，葱绿的林间百花盛开，云海茫茫，别有一番景象；秋天时碧蓝的湖水倒映着岸边金黄的树叶，湖水的绿和树叶的黄色层层尽染，使得那里的美景如画；当冬季来临时，听命湖又恢复一片宁静，显得非常神秘。

3 六库大桥
怒江上最大最现代化的桥梁 ★★★★ 赏

六库大桥，是一座现代化特色的桥，它建成于20世纪90年代，大桥全长有337.52米，宽达2.8米，在亚洲同类桥中名列第二。大桥跨越东西，将两岸的城镇连为一体，大桥上下，车水马龙，人来人往。站在大桥上，还可以看见怒江从山间奔腾而下的壮丽景观。

云南省怒江傈僳族自治州泸水县六库镇 从泸水县包车可达 ¥15元

4 碧罗雪山

万瀑千湖之山

★★★★ 赏

　　碧罗雪山，因为它的原始生态系统被保存得很好，所以山中气候变化异常，到处可见飞瀑密布，还有云集的高山湖泊，所以被人们称作万瀑千湖之山。碧罗雪山海拔超过4000米的雪山就有15座，其中最高峰老窝山，同时，也是这些雪山中最美的地方。

　　每当春夏之交，来这里的游人不断，因为此时，山中云雾腾升，登临山顶可观旭日东升或夕阳西下，颇为壮观，特别是眺望东面的玉龙雪山、哈巴雪山、金丝厂雪山、老君山、雪邦山，这些雪山在云海中犹如大海中的小岛，美不胜收。

📧 云南省怒江傈僳族自治州兰坪白族普米族自治县　🚌 乘兰坪白族普米族自治县出租车可达　📞0886-3566182　💰40元

5 兰坪罗古箐风景名胜区

丹霞地貌景观

★★★★★ 赏

　　兰坪罗古箐风景名胜区是一个以丹霞地貌景观为主的景区，它位于兰坪白族普米族自治县通甸乡德胜村，作为云南众山之祖老君山旅游资源的重要组成部分，兰坪罗古箐风景名胜区，分为罗古箐、金顶翠屏山、富和山三个小景区，这些景区内的著名景观有高原牧场、"情人坝"、"姑娘山"、"母亲树"、百丈回音壁、紫金河、杜鹃屏、石林、花山、滴水岩等。如今这里已经成为当地著名的旅游胜地。

📧 云南省怒江傈僳族自治州兰坪白族普米族自治县通甸乡德胜村　🚌 从兰坪白族普米族自治县包车可达　📞0886-3214222　💰30元　🕗8:00—18:00

6 丙中洛村 75分!

少数民族文化村 ★★★★★ 逛

贡山独龙族怒族自治县丙中洛村，是一个极具民族特色的村落，它位于著名的怒江大峡谷的顶端，就像是怒江大峡谷辉煌的冠冕。在这里世代生息着怒族、傈僳族、藏族、独龙族等多个少数民族，他们保留着相当传统的生产、生活方式；他们的民居、服饰、歌舞等都充满了少数民族风情，因此来这里不光能欣赏不加修饰的乡村风光，还能了解一下不同民族的风俗习惯及民族文化。

✉云南省怒江傈僳族自治州贡山独龙族怒族自治县 🚌从贡山县包车可达 📞0886-3624247 ¥20元

7 福贡高山湖

雪水汇成的湖泊 ★★★★ 赏

✉云南省怒江傈僳族自治州福贡县 🚌从福贡县包车可达 ¥15元

福贡高山湖位于著名的高黎贡山和碧罗雪山上，它是由数十个高山湖泊组成的大型湖泊。福贡高山湖的水都是由雪山上的流水汇集而成的，达朴洛的高山湖是福贡高山湖的组成部分，也是福贡高山湖最美的一个湖泊。达朴落的高山湖位于碧罗雪山3200米的峰峦之间，湖水清澈见底，水质甘甜，周围云杉、冷杉等珍稀树木，环湖生长，倒映湖中，妩媚迷人，尤其是到了春天，这里野花织锦，杜鹃怒放，漫步湖边，令人心旷神怡，现在它是当地人们理想的旅游、探险、避暑的场所。

8 新生桥森林公园

原生态森林的公园 ★★★★★ 赏

　　新生桥森林公园由于澜沧江支流的强烈侵蚀作用，形成了公园内山高谷深、山河相间的地貌格局。新生桥森林公园以植被丰富和动物繁多而著称，公园内以高山松、铁杉、枫树、槭树、西南桦、花楸、木姜子、青岗栎、麻栎、山杨等为主，林下灌木种类有杜鹃、水红木、矮刺栎、矮杨梅、木兰、箭竹、乌鸦果、火把果等。复杂的地形和茂密的森林为野生动物的生长繁衍提供了良好的生态环境，因而这里动物种类和数量繁多，如云豹、黑熊、猕猴、灵猫、穿山甲等，这些野生动物的频繁出没，使新生桥森林公园生机勃勃。

✉ 云南省怒江傈僳族自治州兰坪白族普米族自治县　🚍 乘兰坪白族普米族自治县出租车可达　📞 0886-3211070　¥ 20元　🕐 9:00—17:00

9 怒江大峡谷 （100分！）

东方大峡谷 ★★★★★ 赏

　　在怒江傈僳族自治州有三大峡谷，分别是怒江大峡谷、澜沧江峡谷和独龙江峡谷，其中怒江大峡谷的风光最为壮观。怒江大峡谷的谷地呈南北走向，全长600公里，山高、谷深、水急，是怒江大峡谷的特点，难怪它被称为世界上最长、最神秘、最美丽险奇和最原始古朴的东方大峡谷。怒江大峡谷素有"十里不同天，万物在一山"之说。立体气候产生的主体植被、名花、异草、药材、丛林，成片成林地点缀着峡谷，把怒江大峡谷装点得美丽至极。另外，峡谷内还有许多国家珍稀保护动物，如有虎、灰腹角雉、热羚、红岩羊、金丝猴、叶猴、小熊猫（金狗）、齿蟾等，给怒江大峡谷增添了不少情趣。

✉ 云南省怒江傈僳族自治州福贡县和贡山独龙族怒族自治县交界处　🚍 从福贡县包车可达　¥ 50元

福贡石月亮

别具一格的寺庙 溶蚀而成的穿洞

　　福贡石月亮，是怒江大峡谷中的一大奇景，它是一个巨大的大理岩溶蚀而成的穿洞，洞深百米，洞宽约40余米，高约60米，沿着怒江北上，百里之外，就可看到这个透着白云蓝天的石洞，每一个看到它的人，都惊叹不已，称它是大自然雕刻的杰作。

10 金鸡寺

别具一格的寺庙　　　　　　　★★★★ 赏

　　金鸡寺，是一个历史悠久的古寺庙，它保留有很多建筑，主要有观音阁、弥勒殿、玉皇阁、三宫殿、龙神祠等，其中观音阁是所有建筑中的典型代表，观音阁始建于清嘉庆十五年（1810年），它是在悬崖石壁上开凿而成的，地势险要，建筑精巧。金鸡寺整个布局和设计都很有特色，例如它大部分阁殿依穴就居，精心雕砌，有的凿穴成阁，雕石为佛，有的钻岩为隧，劈峭成梯，庙宇群之间，石梯相通，浑然一体。

✉ 云南省怒江傈僳族自治州兰坪白族普米族自治县金顶镇箐门乡石登村　🚍 从兰坪白族普米族自治县包车可达　￥10元

11 怒江石门关

怒江上的峡口 ★★★★ 赏

怒江石门关，其实是怒江流域上的一个峡口，在贡山独龙族怒族自治县的一段怒江，两岸是高耸的绝壁，如刀劈斧削的坚实大门，绝壁的最窄处只有20余米，怒江水流到了这里，就会像被什么东西给卡住了似的，夺路而出，在这里拐了一个小弯后再往丙中洛流去，这就是怒江石门关，怒江石门关的景象十分壮丽。在这一段怒江上，没有一处溜索，因为这里无法找到固定溜索的地方，两岸居民往来，必须等到怒江水退潮时从沙滩走过。

🔴 云南省怒江傈僳族自治州贡山独龙族怒族自治县 🚌 从贡山独龙族怒族自治县城包车可达 💴 15元

🔴 云南省怒江傈僳族自治州贡山独龙族怒族自治县 🚌 从贡山县徒步可达 📞 0886-3624247

12 怒江溜索

怒江上的天桥 ★★★★ 赏

溜索是一种最简单的桥，是由一根根绳索组成的，在危险的怒江大峡谷上很难建桥，所以人们都凭借着溜索，跨过怒江的天险。溜索是居住在这里的傈僳族、怒族人民发明的，他们用竹篾编成长长的篾绳，架设在怒江上空，然后用栎木制成溜板，挂上溜索，把人送到对岸。现在溜索不仅成了当地人的交通工具，而且成了怒江上的一道风景线，很多游人不畏路途遥远，就为了亲眼看看这个怒江天桥。

⑬ 独龙江河谷

与世隔绝的原生态风景 ★★★★ 赏

✉云南省怒江傈僳族自治州贡山独龙族怒族自治县 🚗乘贡山独龙族怒族自治县出租车可达

　　独龙江河谷,是云南省西北角一条遥远而神秘的河谷,至今河谷中依然保留着完好的原始生态环境,同时,蕴藏有丰富的自然资源,然而,山重水复,积雪冰封的地理、气候环境使它处在一种与世隔绝的状态中。独龙江作为"三江并流"的核心区之一,是除了人们熟知的金沙江、澜沧江、怒江之外而独立存在的"第四江"。这里居住着古老封闭的民族——独龙族,由于独龙江特殊的地理位置,进去旅游的人很少,而那里的秀丽风光和独特的民族文化给游人带来了极大的诱惑。

14 普化寺
藏传佛教寺院 ★★★★ 赏

　　普化寺，又称飞来寺，该寺历史悠久，始建于清乾隆三十七年（1772年）。普化寺属藏传佛教寺院，它的经堂呈方形，面阔16.3米，进深15.6米；正殿三层高33米，廊下和内壁绘壁画11幅，另有小幅"耸吉"计2000幅。"文革"期间，该寺庙宇、经书、法具全被毁坏，仅存墙上的彩色壁画。20世纪80年代中期，该寺在原址上重建，焕然一新，目前成为怒江傈僳族自治州文物保护单位。

✉ 云南省怒江傈僳族自治州贡山独龙族怒族自治县丙中洛乡坎桶村　🚗 从贡山独龙族怒族自治县包车可达　¥ 10元

15 石门摩崖石刻

悬崖峭壁上的艺术

★★★★ 赏

✉ 云南省怒江傈僳族自治州贡山独龙族怒族自治县茨开镇　🚌 从贡山县包车可达　💴 20元

　　石门摩崖石刻，是怒江沿岸非常著名的石刻，它位于贡山县茨开镇东400米当打村的怒江西岸高50米的崖壁上，在贡山通福贡的古驿道旁，因地势险要而称为石门。

　　石门摩崖石刻共有两个石碑，立于不同的年代。石碑之一，立于五代后汉天福元年（947年），碑文高1.3米，宽0.78米，书14行，全文316字，记述贡山民众驱逐设治局长赖惠生的事件。石碑之二，立于1945年，高1.9米，宽0.78米，直书16行，全文573字，记述陈应昌修路架桥，开办学堂，取消叶枝土司等事迹，其中有当地群众利用木材烧热山体然后浇冷水令其开裂的古老开山方法的记述。现在这些石门摩崖石刻为怒江傈僳族自治州文物保护单位。

16 怒江第一湾 （90分!）

九曲回肠的峡湾

★★★★★ 赏

✉ 云南省怒江自治州贡山独龙族怒族自治县丙中洛乡　🚌 从贡山独龙族怒族自治县包车可达　💴 25元

　　怒江第一湾是一个非常壮观的自然景观，在云南贡山独龙族怒族自治县丙中洛乡日丹村附近。由于王箐大悬岩绝壁的阻隔，奔腾的怒江江水流向被改变，在此处由从北向南改为由东向西，流出300余米后，又被丹拉大山挡住去路，只好再次掉头由西向东急转，怒江在这里形成了一个半圆形大湾，为怒江第一湾。

　　怒江第一湾，气势磅礴，然而在湾上却有一块平坦开阔的平地，高出怒江500米，是一块三面环水的半岛状小平原，小平原四周景物宜人，每到农闲季节或节假日，人们便到这里泛舟过溜，对歌起舞。值得一提的是湾中心有一个村子叫坎桶村，坎桶村堪称峡谷桃源，处处是田园风光。

大赏
云南

云南

攻略HOW

云南攻略 YUNNAN HOW

迪庆藏族自治州

　　迪庆藏族自治州，藏语意为"吉祥如意的地方"，位于云南省西北部，滇、藏、川三省区交界处，辖2个县、1个自治县；滔滔大江、莽莽青山、湖泊晶莹、草原广阔，深山大峡等地理奇观构成迪庆藏族自治州惊世绝俗的自然景观；悠久的历史，古老的文化和丰富多彩的民俗活动，构成了迪庆藏族自治州的人文景观；值得一提的是迪庆藏族自治州的香格里拉旅游资源非常丰富，是云南最热门的旅游地。

迪庆藏族自治州 特别看点！

第1名！
梅里雪山！

100分！

★ 山中有"太子十三峰"，中外闻名，早在20世纪30年代美国学者就称赞它是"世界最美之山"！

第2名！
碧塔海！

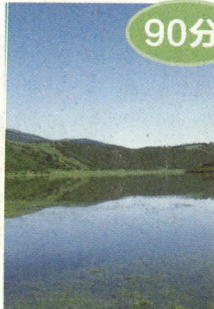

90分！

★ "碧塔海"是藏语，意思是"像牛毛毡一样柔软的海"，是云南省海拔最高的湖泊！

第3名！
松赞林寺！

75分！

★ 因其外观布局酷似布达拉宫，所以又有"小布达拉宫"之称！

---

1 茶马古道金色大厅

少数民族歌舞艺术的演艺厅

★★★★★ 赏

　　茶马古道金色大厅，是展示香格里拉本土歌舞艺术的演艺厅，坐落于香格里拉县城尼旺路52号，著名的清鲁塘美食娱乐文化街内，每晚那里都会有藏族风情歌舞晚会，晚会的演绎风格独特又极具韵味，歌舞反映出了当地的藏族文化和悠久历史，犹如一部宏伟的巨著史诗，向人们诉说着千百年来这个神秘民族所经历的点点滴滴，很多游客都会到这里感受一下它独特的风情。

　　在这里除了可以看歌舞，感受和体验绚丽多彩的藏族文化、民风民俗以外，还可以品尝到独特的藏族风味，如藏家醇香的酥油茶、青稞酒等。

📍云南省迪庆藏族自治州香格里拉县尼旺路52号 🚌乘3路公共汽车可达 ¥25元

2 松赞林寺 （75分!）

小布达拉宫

★★★★★ 赏

✉云南省迪庆藏族自治州香格里拉县敬香路　🚌乘
3路公共汽车可达　¥30元　🕗8:00~17:30

松赞林寺，又名归化寺，它是云南最大的藏传佛教寺庙群落，因其外观布局酷似布达拉宫，所以又有"小布达拉宫"之称。

松赞林寺位于香格里拉的佛屏山下，寺院金碧辉煌，造型独特，更有众多历代珍品，有五世达赖、七世达赖时期的八尊包金释迦牟尼佛像、《贝叶经》、黄金及各种精美的镏金或银质香炉、万年灯等。

寺院建筑高大雄伟，扎仓、吉康两座殿高高矗立在中央，八大康参、僧舍等建筑簇拥卫，高低错落，层层递进，立体轮廓分明，与佛屏山相映，别有一番神山古寺的韵味。

3 香格里拉镇公堂

汉藏合璧式的建筑群

★★★★ 赏

镇公堂，也叫藏经堂，始建于清代，是一座汉藏合璧式的建筑群，镇公堂向来以它独特的建筑风格而闻名于世。整个建筑是坐北向南的，大门的两侧壁上，有栩栩如生的藏传佛教四大金刚飞跃而立；顶端是光彩耀目的宝鼎，金碧辉煌；内壁有很多藏式的金刚杵柱和精美的朱门绘彩，璀璨夺目。在这里还有红军长征时贺龙将军写下的"兴盛番族"的锦幛，现成为民族团结安定的象征。

✉云南省迪庆藏族自治州香格里拉县城
🚌乘香格里拉县出租车可达　¥15元

4 香格里拉大峡谷

原生态的谷地 ★★★★★ 赏

📧云南省迪庆藏族自治州香格里拉县 🚍从香格里拉县包车可达 ￥30元 🕐全天

　　香格里拉大峡谷，也叫"巴拉格宗"，因峡谷一头名"香格"，另一头名"里拉"，故名香格里拉大峡谷。香格里拉大峡谷如一片未受污染的"净土"，湛蓝的天空，茂密葱郁的树林，涓涓而流的溪水，香味扑鼻的山花，还有一掠而过的小鸟，在这里完美地结合，形成了一派独特的风光。

　　香格里拉大峡谷里有一个奇特的喀斯特溶洞，洞口石壁上有一个脚印，五指俱全，被视为世间少有的奇特景象。此外峡谷还有一泉水很出名，名叫"喊泉"，泉眼深藏洞中，人到洞前大喊数声，一股泉水便从洞中喷涌而出，十分奇妙。另外，香格里拉大峡谷直耸云天的绝壁上，分布着岩画，那各种各样的图形，虽然至今人们还未能探究清楚其表达的意义，但它营造的某种文化氛围，给峡谷平添了几分悠久古朴的人文意蕴。

5 纳帕海
森林背后的湖
★★★★ 赏

　　纳帕海，位于香格里拉县城西北部，它是个季节性高山湖泊。纳帕海三面环山，三面山上都会有积雪，这些积雪成了纳帕海水的来源。这些积雪到了春夏之际，融化成水汇入纳曲河、奶子河等十余条弯弯曲曲的河，流经草原注入纳帕海。夏末秋初，是这里的旅游旺季，也是雨水最多的时节，这时纳帕海水面增大，成群的黑颈鹤、斑头雁、白鹤、黄鸭、麻鸭如期而至，在湖边觅食、嬉戏，远远望去，纳帕海仿佛是一幅动态的风景画卷。

✉ 云南省迪庆藏族自治州香格里拉县　乘 乘香格里拉县纳帕海班车可达　☎ 0887-8200077　¥ 40元

6 梅里雪山

100分!

素有"世界最美之山"之称 ★★★★★ 赏

✉ 云南迪庆藏族自治州德钦县 　🚌 德钦县包车可达
📞 0887-8416218 　¥ 20元 　🕐 全天

梅里雪山,也叫雪山太子,它是云南最壮观的雪山,素有"世界最美之山"之称。梅里雪山是游客向往的旅游胜地,更是登山探险家理想之地。整个雪山冰川、冰斗、冰碛遍布,尤其是山上盘踞的四条大冰川,既壮美,又让人感到惊险,同时,也给登山增加了难度。当阳光照在梅里雪山的时候,整个雪山晶莹剔透,并发出万道光芒,站在梅里雪山脚下,就像是进入了一个冰雪的童话世界。梅里雪山最著名的屹立在其上的"十三峰",被称为"太子十三峰",其中卡瓦格博峰是最高的一座山峰,素有"雪山之神"的荣誉。

7 千湖山
千姿百态的湖泊
★★★★ 赏

✉ 云南省迪庆藏族自治州香格里拉县小中甸乡团结村
🚌 从香格里拉县包车可达　￥60元　🕐 全天

　　千湖山，实际上并不是山脉，而是湖泊，因此也叫神女千湖。千湖山以三碧海、大黑海为中心，方圆150公里内，有数以千计的小湖，这些湖有的圆若明镜，有的长似游鱼，有的开阔平坦，有的幽深宁静，有的半环于山洼深处，有的掩映于树木丛林之中，有的似珠玉成串，有的孤悬于草甸中间，有的怪石露出如鳄鱼探头，有的水色深沉似无底深渊，真是千姿百态。这些湖泊的周围被原始森林所覆盖，有冷杉、云杉，还有杜鹃林，使湖面显得格外幽静，然而幽静的湖面不时有戏水的黄鸭飞过，给恬静的湖和清秀的山增添了几分趣味。

8 五凤山
热闹的山冈
★★★★ 赏

　　五凤山，是因山的形状如凤而得名，自古以来都被藏民奉为神山，所以在当地会有许多关于它的神奇的传说。它还是香格里拉赛马节的主要活动场所，每年的农历五月初五，都会在这里举行盛大的赛马活动，这种习俗历史悠久，从唐朝开始吐蕃便在这里举行赛马，沿袭至今。

　　每年举行赛马节的时候，还是五凤山的杜鹃花盛开时节，漫山遍野的杜鹃花给赛马节增添了许多生趣，伴着美景，欣赏赛马、彝族摔跤、傈僳族射弩、拔河等活动，别有一番风味。

✉ 云南省迪庆藏族自治州香格里拉县
🚌 从香格里拉县包车可达　￥15元

9 属都海

神秘幽静的湖泊

★★★★ 赏

属都海是盛产"属都裂腹鱼"的地方，它坐落于香格里拉县城的东北，海拔3705米。属都海的湖水清澈透亮，湖边栖息着大量的野鸭、黄鸭等飞禽，湖畔的牧场、草场广阔，水草丰茂，每年春夏之际，成群的牛羊游憩于湖边，生机勃勃。属都海的四周是葱郁的青山，那里的原始森林浓郁茂密，遮天蔽日，可以让人深切地感受到属都海的那份幽静与神秘。

✉云南省迪庆藏族自治州香格里拉县 🚌从香格里拉县包车可达 ¥30元

10 白水台
白色的梯田
★★★★ 赏

✉ 云南省迪庆藏族自治州香格里拉县　🚗 从香格里拉县包车可达　￥30元　🕐 7:30—19:30

　　白水台景观是美妙的自然奇观，是由于碳酸钙溶解于泉水中而形成的自然现象，它位于香格里拉县城东南的三坝乡白地村，面积有3平方公里，目前是我国最大的泉华台地。

　　当含碳酸钙的泉水慢慢下流时，水中含的碳酸盐会逐渐沉淀，长年累月就形成台幔，好似层层梯田，被称为"仙人遗田"。远处看去，青山掩映中的白水台仿若摄影作品中凝固的瀑布一般，一脚踏在白色的石台上，会不禁感叹这大自然的的神奇。

11 鸡公石
素有"江上普陀"之称
★★★★ 赏

　　鸡公石，是一座屹立于金沙江中心的石岛，它位于金沙江长江第一湾的上游，因为形状酷似振翅啼鸣的雄鸡而得名。鸡公石高出水面160米，方圆约400米，这块不大的地方，却在历史上是佛教圣地。鸡公石上修建观音阁，每逢农历二月十九日，是这里的传统庙会，届时，来自四面八方的善男信女，把鸡公石岛挤得水泄不通，正因为如此景象，人们又称鸡公石为"江上普陀"。

✉ 云南省迪庆藏族自治州香格里拉县　🚗 从云南省迪庆藏族自治州香格里拉县包车可达　📞 0887-8225390　￥35元

12 碧塔海 90分!

水生植物的大世界

★★★★★ 赏

◉ 云南省迪庆藏族自治州香格里拉县
🚌 从香格里拉县包车可达　¥20元

　　碧塔海，是云南省海拔最高的湖泊，"碧塔海"是藏语，意思是"像牛毛毡一样柔软的海"，的确，其湖水常年澄澈碧绿，景观奇特。

　　碧塔海有两大奇观最引人注意，其一就是湖面上漂浮着成片生长、厚达50厘米的草排，草排上又生长着众多植物，形成一个个流动的水生植物世界。另外一种奇观是，当满山红色的杜鹃花飘落在水面上，水下的游鱼吞食带有微毒的杜鹃花之后，就会如同醉了一般漂浮在水面上，这便是碧塔海独特的景观——"杜鹃醉鱼"。碧塔海的这些奇观，引来了不少的中外游客，每年的5、6月份是来这里旅游的最佳时间。

⑬ 石卡雪山景区

典型的垂直自然景观

★★★★ 赏

✉ 云南省迪庆藏族自治州香格里拉县建塘镇西南 🚌 从香格里拉县包车可达 📞 0888-5390123
¥ 30元 🕐 8:00—18:00

　　"石卡"，是藏语译音，含义为"有马鹿的山"，它位于香格里拉县城西南7公里处，石卡雪山北与纳帕海自然保护区相接，南与千湖山景区毗邻，东与松赞林寺和独克宗古城遥遥相望，西面是神秘峡谷与奔腾不息的金沙江。石卡雪山景区的自然生态景观由地质地貌景观和垂直带分布的雪山、森林、草甸生态景观构成。人文景观以神山宗教文化和香格里拉游牧文化为主题，两者相互点缀，相互衬托，使得石卡雪山景区，一年四季风景如画。

⑭ 独克宗古城

建在石头上的城堡

★★★★★ 逛

　　在香格里拉有一座特别的古城，藏人称它为"独克宗"的古城，"独克宗"，藏语发音含义为"建在石头上的城堡"，它是按照佛经中的香巴拉理想国建成的。独克宗古城依山势而建，路面起伏不平，那是一些岁月久远的旧石头就着自然地势铺成的，至今，石板路上还留着深深的马蹄印。

　　独克宗古城，曾经是茶马古道上的重镇，现在成了香格里拉重要的风景点，每年游人如织，古城的繁华，不减当年。

✉云南省迪庆藏族自治州香格里拉县建塘镇　🚍乘香格里拉县出租车可达　📞0887-8286186　¥20元

15 雨崩村

与世隔绝的山村

★★★★ 逛

　　雨崩村，位于群山之中，特殊的地理位置，使这里人烟稀少，整个雨崩村只有二十几户人家，他们仅仅通过一条驿道与外界联系。雨崩村保留了原始的生态风貌和淳朴的传统民风，所以是很多久居闹市的游人向往的"世外桃源"。雨崩村有上、下村之分，上村可以通往攀登卡瓦格博峰的中日联合登山大本营，而下村通往雨崩神瀑，无论是去上村，还是去下村，你都可以观赏到不同的风景，如古篆天书、五树同根等景象。

✉ 云南迪庆藏族自治州德钦县云岭乡
🚌 从云岭乡徒步可达

云南攻略

《全球攻略》编写组

执行主编：兰 亭 苏 林

编写组成员：

陈 永	陈 屿	崇 福	褚一民	翠 云	付 佳
付 捷	付国丰	高 虹	管 航	贵 珍	郭 颖
郭 政	郭 川	郭新光	韩 成	韩栋栋	何 明
欢 欢	佳 妮	佳 莹	江业华	金 晔	金 波
孔 莉	李 濛	李春宏	李红东	李 华	李 建
李 威	李 星	李 悦	李志勇	廖一静	林婷婷
林雪静	林 芝	林 芝	刘 成	刘 冬	刘 华
刘 军	刘 艳	刘 洋	刘博文	刘 刚	刘桂芳
刘 伟	刘 霞	刘小凤	刘晓馨	刘照英	吕 示
马 静	苗雪鹏	闵睿桢	娜 娜	潘 瑞	庞 依
佩 宏	彭雨雁	戚雨婷	若 水	若 欣	若 云
莎 莎	姗 姗	诗 诗	石雪冉	宋 清	宋 鑫
苏 林	孙 雅	谭临庄	汤淑芳	天 姝	铁 军
佟 玲	王 诺	王 秋	王 武	王 勇	王 玥
王 含	王恒丽	王 鹏	王晓平	王 雪	王 怡
王宇坤	王铮铮	未 名	魏 强	吴昌晖	吴昌宇
武 宁	向 伟	小 丽	晓 红	肖克冉	谢 辉
谢 群	谢 蓉	谢震泽	谢仲文	徐 聪	许 睿
艳 艳	杨 武	杨 晓	洋 洋	姚婷婷	叶 俊
于小慧	喻 鹏	园 园	翟丽梅	张爱琼	张春辉
张 丽	张丽媛	张 赢	赵 婧	赵 海	赵海菊
志 锦	周 晓	周 昭	朱芳莉	朱国梁	朱俊杰

LOOK云南!

梅里雪山
素有"世界最美之山"之称

黑龙潭公园
南方的"颐和园"

元谋土林
千奇百怪的土柱子

滇池
素有"高原明珠"之称

怒江大峡谷
东方大峡谷

石林
天下第一奇观

丽江古城
没有城墙的古城

泸沽湖
高原明珠

三腊瀑布
三条河溪汇集的瀑布

雨崩村
与世隔绝的山村

LOOK云南！

坝美村
"世外桃源"

文海
野花的海洋

四方街
丽江古城的中心街道

抚仙湖
清澈见底的溶蚀湖泊

松赞林寺
小布达拉宫

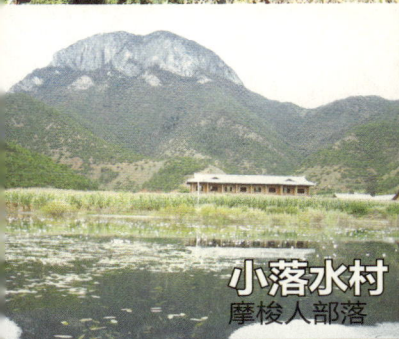

小落水村
摩梭人部落

观音峡
被称为"丽江第一景

天龙八部影视城
电影拍摄基地

End

责任编辑：王　颖
内文排版：城市地标
责任印制：闫立中

图书在版编目（ＣＩＰ）数据

云南攻略 ／ 《全球攻略》编写组编著． —— 北京：
中国旅游出版社，2013.1
　（全球攻略）
ISBN 978-7-5032-4546-6

　Ⅰ．①云… Ⅱ．①全… Ⅲ．①旅游指南－云南省
Ⅳ．①K928.974

中国版本图书馆CIP数据核字(2012)第234640号

书　　名：	云南攻略
编　　著：	《全球攻略》编写组
出版发行：	中国旅游出版社
	（北京建国门内大街甲9号 邮编：100005）
	http://www.cttp.net.cn　E-mail:cttp@cnta.gov.cn
	营销中心电话：010-85166503
经　　销：	全国各地新华书店
印　　刷：	北京金吉士印刷有限责任公司
版　　次：	2013年1月第1版　2013年1月第1次印刷
开　　本：	787毫米×1092毫米　1/16
印　　张：	17
印　　数：	1-10000册
字　　数：	250千
定　　价：	49.80元

ISBN 978-7-5032-4546-6